VERENA
LUGERT

MEHR NERVEN NAHRUNG

55 weitere Gerichte und Geschichten
aus der Onlinekolumne „Nervennahrung“

Fotos von Helga Lugert

NUN GIBT ES SIE ALSO IMMER NOCH, MEINE WÖCHENTLICHE KOLUMNE „NERVENNAHRUNG" AUF SPIEGEL.DE.

IM MÄRZ während des ersten Corona-Lockdowns, war sie aus der Taufe gehoben worden, um täglich einfache, schnell und ohne großen Aufwand nachkochbare Gerichte vorzustellen.

Einige Jahre zuvor hatte ich meinen erlernten Beruf als Reportage-Journalistin gegen den der Köchin getauscht, mich durch die Ausbildung an einer Kochschule in London gekämpft und danach eine Stelle als Köchin in einem Restaurant des Celebrity-Koches Gordon Ramsay gefunden, in dem sich mir neue Welten des Geschmacks, der Schönheit und der Perfektion eröffnet hatten. In der ich aber auch in 16-Stunden-Schichten bis zur Erschöpfung und bis zum Bandscheibenvorfall geschuftet hatte.
Zurück in Deutschland, verband ich das Kochen und das Schreiben miteinander, entwickelte Rezepte, absolvierte eine Hospitanz in der verrückten Avantgarde-Küche von Heston Blumenthal, in der Gerichte auf magisch schwebenden Tellern serviert und aus uralten Whiskeys Gummibären gefertigt wurden. Ich bildete mich als Gewürz-Sommelière fort, schrieb „Die Irren mit dem Messer",

ein Buch über meine Zeit in Gordon Ramsays Küche, hielt Vorträge, wurde zu Talkshows eingeladen und durfte sogar im Fernsehen kochen. Ich reiste für Foodmagazine um die Welt, interviewte einen Dreisternekoch in Paris, der seit Jahren fleischlos kocht, ging mit finnischen Kochphilosophen unter Wasser Algen sammeln und in Istrien mit Trüffelhunden auf die Suche nach den legendären weißen Trüffeln, ließ mich von einer Food-Historikerin auf Mallorca in die Kunst des Wiederbelebens uralter Rezepte einführen, lernte, wie man mit Ultraschall Olivenöl extrahiert, und ging auf die Jagd nach der besten Maulbeer-Granita auf Sizilien.

VOR CORONA WAR ICH GERADE DABEI GEWESEN, MEINE EIGENE EXPERIMENTIERKÜCHE IN HAMBURG ZU GRÜNDEN, SIE WAR GEPLANT ALS MEIN KOCHATELIER, IN DEM ICH REZEPTE ENTWICKELN UND KÜCHENPARTYS GEBEN WOLLTE. UND ICH WOLLTE LIVE AUS MEINER KÜCHE STREAMEN, KOCH-TUTORIALS, VIDEOS. DANN KAM CORONA, VÖLLIGER STILLSTAND.

Das war, so schien es, das Aus meiner Pläne. Ich kündigte das kleine Ladengeschäft, ohne dass ich überhaupt mit einer Küche dort eingezogen war. Bevor ich aber Zeit hatte, darüber richtig traurig zu sein, kam schon das Angebot von Spiegel.de. Die Kolumne „Nervennahrung" war eigentlich nur für die erste Lockdownzeit gedacht – lief dann aber Woche für Woche weiter. Bald erschien sogar eine Auswahl der Rezepte in Buchform, das blau-rote Kochbuch „Nervennahrung".

Leider lief auch Corona weiter, im an- und abschwellenden Rhythmus der Inzidenzen. Und weil es besonders im Winter – in der Zeit, in der sonst Weihnachtsfeiern sind, in der man so viel mit anderen zusammen sein und feiern will – zu den strengsten Lockdowns kam, begann ich, virtuell zu kochen. Nicht in einer schicken, coolen Experimentierküche, in einem eigenen Laden (der war ja nun gekündigt), sondern bei mir zu Hause, in meiner kleinen Wohnungsküche. Mit Minimalaufwand: Den zu niedrigen Küchentisch bockte ich auf umgedrehten Schüsseln auf, mit einer Campingkochplatte darauf wurde er zur Kücheninsel. Gemeinsam mit 20, 70, 200 und schließlich sogar 500 Menschen kochte ich digital und interaktiv. Und war ganz berauscht davon, wie viel Spaß das machte – und welche gemeinschaftsstiftende Kraft das Kochen hat, auch wenn es virtuell ist.

DIE KÖSTLICHEN GERÜCHE VON SAFRANSUD, VON ZIMT-STERNANIS-SCHOKOLADENMOUSSE ODER VON RISOTTO MIT APRIKOSEN UND BLAUSCHIMMELKÄSE ENTWICKELTEN SICH IN JEDER EINZELNEN KÜCHE. UND DIE GEMEINSAME SINNESWAHRNEHMUNG SCHAFFTE EINE VERBINDUNG ZWISCHEN ALLEN EINZELN KOCHENDEN.

Eine Verbindung, die noch greifbarer war, wenn das Ergebnis dann gegessen wurde, zu zweit, zu dritt, zu viert, in virtuellen Räumen. Bald verschickte ich an die Teilnehmer solcher digitaler Kochevents im Vorfeld bunte Pakete, in denen die Zutaten der Gerichte – feine Schokolade, Arborio-Reis aus Italien, Safranfäden – grammgenau abgewogen waren.

Irgendwann fiel mir staunend auf: Ich machte tatsächlich, trotz Corona, genau das, was ich eigentlich vorgehabt hatte: kochen, schreiben, Rezepte entwickeln, Kochtutorials streamen und virtuelle Küchenpartys schmeißen.

Als dann genau in dem Hamburg-Eppendorfer Haus, in dem ich im sechsten Stock wohnte, ein Ladenlokal im Erdgeschoss frei wurde – größer als das anfangs in einem anderen Stadtteil angemietete Lädchen, sogar mit Keller –, wagte ich es erneut. Bewarb mich, und bekam den Zuschlag! Erst für den Laden. Und dann noch für die kleine Wohnung, die dahinter lag. Ich ließ einen Durchbruch zu der Wohnung machen und baute sie dann zum Speisezimmer um. Und nannte alles I ❤ FOOD.

SMEG

Was aber noch fehlte, war eine Küche. Sie würde ja das Herzstück sein – und sollte einzigartig werden. Und beidem gerecht werden können: Sie würde tagsüber meine Werkstatt sein und an den Abenden Bühne für Freude, Spaß und Partys. In Gedanken hatte ich mir meine Küche bereits ausgemalt. Sie sollte großzügig, funktional und durchdacht sein. Vor allem sollte sie bunt sein, ein Ort von pulsierender Kreativität, ein Nährboden für neue Ideen. Meine Traumküche, irgendwo da draußen war sie. Aber wo? Ich sah mir unzählige Küchen an. Und keine war so, wie ich sie doch schon so klar in meinem Kopf hatte. Ich war frustriert.

MEINE SCHWESTER FAND SCHLIESSLICH GENAU DAS, WAS ICH MIR WÜNSCHTE. ALS SIE MIR DIE KÜCHEN ONLINE ZEIGTE, FIEL MIR DIE KINNLADE HERUNTER. AUF DER WEBSITE EINER KLEINEN, HOCHFEINEN KÜCHENFIRMA IN BERCHTESGADEN KONNTE MAN SIE SEHEN: STAHLKÜCHEN, KNALLBUNT, IN 200 VERSCHIEDENEN FARBEN VON AVOCADO BIS ZITRONE.

So gut zu I ❤ FOOD passend, dass es ein Traum war. Ich mailte, wir telefonierten und ich fuhr nach Berchtesgaden. Und auf wundersame Art und Weise fügte sich alles aufs Allerschönste. Und als dann Monate später gerade das Herz-Logo an den Schaufenstern klebte, stand ich allein im Laden, die Handwerker waren weg, alles war still. Plötzlich erleuchtete die Abendsonne die neue Stahlküche, sie glänzte in Pastellrosa, Knallrot und Lichtblau. Strahlend bunt und voller Energie und Lebensfreude - wie Popmusik, Popart und Party. Wie bunte Legosteine, mit denen man sofort losspielen will. Auf der rosa Insel lag der Ausdruck für das Cover meines neuen Buches „Mehr Nervennahrung“, in hellem Rosa, wie die Insel.
Mir wurde warm ums Herz und ich war glücklich. Und dankbar: Denn jetzt war es so weit! Es ging wirklich los. Ich würde kochen, schreiben, leben – aus vollem Herzen ❤.

JETZT REGT SICH DIE FRÜHJAHRSSONNE – DER WINTER IST VORBEI, WIE SCHÖN! UND WIR GENIESSEN PORTUGIESISCHE PASTÉIS DES NATA UND DEN ERSTEN SPARGEL.

FRÜHLING

PASTÉIS — DE NATA

ICH STUDIERTE damals in Lissabon und war verwundert bis zermürbt, wie unangenehm sich der Winter auch in südlichen Gefilden zeigen konnte: Zwar war es nie wirklich kalt wie in Deutschland, niemals gab es Schnee und Eis. Doch der Atlantik brachte die langen Monate von Dezember bis in den März hinein ein fortwährendes Nieseln über die Stadt, die unter dem Grau der Wolken ihr pastellenes Leuchten verloren hatte. Mein WG-Zimmer im gefliesten alten Haus, an dem die gelbe Straßenbahn der Linie 28 vorbeifuhr, war eiskalt, nur das Wohnzimmer konnten wir notdürftig mit einer Propangasflaschenheizung ein wenig temperieren, in den Cafés saß man in Mantel und Mütze am Tresen und in den ungeheizten Universitätshörsälen wärmte ich mir die klammen Finger an einem Plastikbecher, gefüllt mit heißem Tee. Ich sehnte mich nach Sonne!

Die dann auf einmal, ab Ende März, mit voller Kraft und pulsierendem Strahlen über der Stadt Einzug hielt und Lissabon wieder zum Leben erweckte: Der vormals graue Tejo leuchtete mit dem blitzblauen Himmel um die Wette, die bunt gefliesten Häuser strahlten im Licht, die Sonne durchdrang alles, wärmte die schwarz-weißen Muster des Kopfsteinpflasters, ließ die Knospen der Bougainvilleen aufspringen, die die Stadt in einen rosavioletten Blütenrausch stürzten. Mit einem Schlag waren die Straßencafés wieder voll, die geschwungenen Metallstühle um die Jugendstilkioske in den Parks besetzt und die Bänke am Fluss voller Menschen. Man aß und trank wieder draußen, überall roch es schon in aller Frühe nach frischem Kaffee und nach dem Zucker und Zimt der Pastéis de Nata, der kleinen, so urportugiesischen Puddingtörtchen aus Blätterteig und Sahne-Eigelb-Creme. Diese winzigen Küchlein sind eine Art lusitanisches Nationalheiligtum. Erfunden im Lissabonner Stadtteil Belém im Hieronymitenkloster (dort stärkten die Mönche ihren Habit mit Eiweiß und ersannen die Törtchen, um das überschüssige Eigelb zu verwenden), wurde das Rezept im Jahr 1834 an den Besitzer einer nahe gelegenen Zuckerraffinerie verkauft, die seit 1837 als Konditorei, als „Antiga Confeitaria de Belém", die köstlichen Törtchen fabriziert.

NUR DIE IN BELÉM NACH EINEM GEHEIMREZEPT GEBACKENEN BLÄTTERTEIG-KÜCHLEIN DÜRFEN SICH STOLZ „PASTÉIS DE BELÉM“ NENNEN, ALLE ANDEREN TÖRTCHEN HEISSEN GANZ EINFACH „PASTÉIS DE NATA“, „SAHNETÖRTCHEN“.

Natürlich war auch ich in meiner Zeit in Lissabon unzählige Male in Belém in der weltbekannten Confeitaria. Und selbstverständlich schmecken diese legendären originalen aller originalsten Törtchen wundervoll: krosser Blätterteig, darin die schmelzende gelb-süße Eiercreme mit ihren braunen Karamellflecken, mit Zimtzucker berieselt.

Doch keines dieser edlen Stammbaumtörtchen aus Belém hat mir jemals so gut geschmeckt wie jenes ganz normale Pastel de Nata, das ich damals, nach diesem langen Winter, auf einer grün geschwungenen Bank gegessen habe, unter den rosa Ranken der Bougainvillea. Als endlich wirklich Frühling war in Lissabon.

PASTÉIS DE NATA

(FÜR 12 PASTÉIS)
450 g Blätterteig (Rolle aus dem Kühlregal)
8 Eigelb
500 g Sahne
200 g Zucker
2 EL Mehl
1 Prise Salz
abgeriebene Schale von 1 Bio-Zitrone
Zimt und Zucker oder Puderzucker zum Servieren der Pastéis

1. Ofen auf 260 °C (Umluft) vorheizen. Ein Muffinblech einfetten. Den Blätterteig ausrollen und mit einem Glas oder einem Ausstecher Teigkreise ausstechen, die so groß sind, dass sie in die Muffinmulden passen. Die Mulden mit den Teigkreisen auslegen, andrücken. Der Teig soll nicht zu dick sein! Überstehenden Teig mit einem scharfen Messer abschneiden. Muffinblech kühlen.
2. Eigelb, Sahne, Zucker, Mehl, Salz und die abgeriebene Zitronenschale mit einem Schneebesen oder dem Handrührgerät zu einer glatten Masse rühren. In einem Topf kurz **(wirklich nur kurz, sonst stockt das Eigelb)** aufkochen lassen, dabei ständig weiterrühren, bis die Creme leicht eindickt. Creme in eine Schüssel geben und abkühlen lassen.
3. Die Creme bis 1 cm unter den Rand in die Muffinförmchen füllen, auf der mittleren Schiene im Ofen 8 bis12 Minuten backen, am besten immer wieder (von außen durch die Scheibe) nachsehen, denn jeder Ofen heizt anders. Der Blätterteig sollte knusprig sein, die Eigelbmasse sollte die typischen karamellisierten braunen Flecken aufweisen.
4. Die Pastéis auf einem Gitter auskühlen lassen und mit Zimt und Zucker (oder Puderzucker) bestreut servieren. Ganz frisch sind sie am besten.

KOKOSHÜHNERSUPPE — TOM KHA GAI

Sie wärmt einen durch und durch mit ihren Vogelaugenchilis und dem mildscharfen, harzig-blumigen Galgant. Sie macht zufrieden und lullt ein, durch Kokoscreme und karamellige Palmzuckersüße. Sie beamt ihre Esser aus dem aufwühlenden Jetzt hinein ins schöne, leichte Land der Düfte, Wärme, Köstlichkeit. Thailändische Tom Kha Gai ist eine Kokoshühnersuppe, die ich als Trostessen in diesen Tagen mehr als empfehlen kann. Tom bedeutet im Thailändischen „gekocht" und Gai bedeutet „Huhn". Das Huhn ist gar nicht entscheidend, das kann man sogar weglassen – oder durch Garnelen oder Tofu ersetzen, dann heißt die Suppe Tom Kha Gung (Garnelen) oder Tom Kha Taohu (Tofu).

KHA IST DER GALGANT (DEN MAN AM BESTEN IM ASIALADEN BEKOMMT). DIE FRUCHTIGE, INGWERARTIGE WURZEL SCHMECKT ABSOLUT EINZIGARTIG, FAST WIE PARFÜM, HARZIG, NACH TANNENNADELN, ZITRONIG, PFEFFRIG, SÜSS UND SÄUERLICH.

Ergänzt wird das Galgantaroma in der Suppe durch Kaffir-Limettenblätter, Zitronengras und Korianderwurzeln, die man in cremiger Kokosmilch bei niedriger Hitze ziehen lässt, bis diese all jene wunderbaren Düfte in sich aufgesogen hat. und dann mit Hühnerfleisch, Pilzen, frischem Koriander und einem Spritzer Limette als wahres Geschmackswunder serviert wird. Ein wirklich beglückendes Gericht: unschuldig weiß, weich, süßlich, säuerlich, blumig, frisch und trotzdem wärmend. Und noch dazu kinderleicht und schnell gemacht. Natürlich können Sie, wenn Sie keinen Galgant bekommen, auch Ingwer nehmen. Wenn Sie aber Galgant finden – greifen Sie zu! Denn Galgant, das ingwerartige Rhizom, weiß-rosé wie eine Magnolie und so betörend duftend, schmeckt nicht nur köstlich, sondern wirkt krampflösend, antibakteriell und hemmt Entzündungen. Und wurde schon im frühen Mittelalter hochgeschätzt. Über arabische Ärzte und Händler gelangte er ab dem 800 n. Chr. von Südostasien in europäische Klöster. Später, um 1200, empfahl die seherische Äbtissin Hildegard von Bingen Galgant gegen die gegen die „Drei Sch", Schwindel, Schmerzen, Schwäche.
Insofern ist Galgant vielleicht ja das Gewürz der Stunde.

KOKOSHÜHNERSUPPE — TOM KHA GAI

(FÜR 4 PERSONEN)
SUPPE:
2 Dosen cremige Kokosmilch
1 daumengroßes Stück Galgant (oder Ingwer)
1 Bund frischer Koriander mit Wurzeln (meist im Asialaden erhältlich)
3 Knoblauchzehen
3 Schalotten
4 Stängel Zitronengras
8 Kaffir-Limettenblätter (tiefgekühlt im Asialaden)

EINLAGE:
250 g Hähnchenbrustfilet
1–2 Vogelaugenchilis
1 Dose asiatische Strohpilze oder Champignons
$\frac{1}{4}$ l Hühner- oder Gemüsebrühe
1–2 EL Palmzucker
Saft von 1 $\frac{1}{2}$–2 Limetten
2–3 EL Fischsauce

1. **Für die Suppe** die cremige Kokosmilch in einen Topf geben, sanft erwärmen. Galgant in Scheiben schneiden, die Wurzeln vom Koriander abtrennen und in Scheiben schneiden (Blätter beiseitelegen für die Garnitur). Knoblauch und Schalotten schälen und grob schneiden, Zitronengras mit dem Nudelholz oder einer Kasserolle etwas anklopfen, in grobe Stücke schneiden, Kaffir-Limottenblätter mit den Händen etwas drücken und knüllen. Alles zur Kokoscreme geben, zum Sieden bringen, mit geschlossenem Deckel 15 Minuten köcheln lassen.
2. **Für die Einlage** Hähnchenbrustfilet in mundgerechte Würfel schneiden, Vogelaugenchilis entkernen und in sehr feine Ringe schneiden, Strohpilze halbieren.
3. Nach 15 Minuten die Kokossuppe durch ein großes Sieb in einen weiteren Topf seihen, die Gewürze mit einem Schöpflöffel im Sieb gut ausdrücken. Sie können entsorgt werden, da sie ihr ganzes Aroma jetzt an die Kokosmilch abgegeben haben.
4. Die Kokosmilchsuppe wieder zum Köcheln bringen, nicht kochen, die Hühner- oder Gemüsebrühe, die Pilze, das Hähnchenfleisch und Chilis (vorsichtig, scharf – lieber nachwürzen) hinzufügen. Hähnchenfleisch in wenigen Minuten gar ziehen lassen.
5. Suppe mit Palmzucker, Limettensaft und Fischsauce abschmecken, mit den Korianderblättern bestreut servieren.

PASTA — E CECI

PASTA E CECI, Nudeln mit Kichererbsen, so schlicht lautet der Name dieses italienischen Klassikers – und genauso schlicht und einfach wird er zubereitet, es sind in der toskanischen Version tatsächlich kaum mehr als eine Handvoll Zutaten nötig: süß-nussige Kichererbsen, ein paar Nudeln, Zwiebeln, Knoblauch und Staudensellerie. Und für den so typischen Geschmack – würzig, leicht bitter, fast rauchig – ist der frische Rosmarin verantwortlich, der diesem Seelenschmeichler von einem sämigen Eintopfgericht seine harzige Intensität einhaucht.
Kichererbsen lassen einen nicht kichern, ihr Name kommt vom lateinischen Wort cicer arietinum, wobei cicer für „Erbse" steht. Und cicer soll wiederum vom hebräischen kikar für „rund, rundlich" kommen. Die hebräische Wortherkunft zeigt auch, dass der Orient das Ursprungsgebiet der Kichererbse ist, die zu den ältesten Kulturpflanzen der Erde gehört. Es gibt Belege, dass sie schon vor 8000 Jahren in Kleinasien angebaut wurde und sich von dort aus über den Vorderen Orient nach Indien ausbreitete und vor 2000 Jahren im Mittelmeerraum Einzug hielt. Im Mittelalter war die Kichererbse auch hierzulande äußerst beliebt. Und ist es jetzt wieder, auch in Deutschland wird die anspruchslose Hülsenfrucht sehr gerne angebaut.

DIE BAUERN LIEBEN SIE: IHR WASSERBEDARF IST GERING – UND SIE BINDET STICKSTOFF IM BODEN, WIE DIES AUCH DIE ANDEREN LEGUMINOSEN (ERBSEN, BOHNEN ODER LINSEN) TUN: KNÖLLCHENBAKTERIEN AN DEN WURZELSPITZEN DER PFLANZEN SIND RICHTIGE STICKSTOFFSAMMLER. SO ERHÖHEN DIE KLIMAPFLANZEN AUCH DIE BODENFRUCHTBARKEIT.

Und nicht nur für den Boden und das Klima sind die Kichererbsen ein Geschenk, auch für uns: Sie enthalten eine große Menge des Spurenelements Mangan, das wir in unseren Körperzellen zur Energiegewinnung brauchen.
Und gut sind die Kichererbsen auch für die Stimmung: Allein das Kochen und Brodeln der Pasta e ceci ist eine Freude, wenn sich im aufsteigenden Dampf die Aromen entfalten! Und dann, beim Essen, dieses Wohlgefühl, das sich Löffel für Löffel einstellt: die cremig pürierte Grundlage. Darin die unregelmäßig geformten Kügelchen, die, am Gaumen aufgedrückt, ihr samtiges Innenleben freigeben. Und dann die glatten, kleinen Nüdelchen. Pasta e ceci sind gut fürs Zeitbudget, weil das Gericht so schnell und so unkompliziert zu machen ist. Gut für den Geldbeutel, weil es fast nichts kostet. Gut fürs Klima, für den Boden, für den Körper. Und gut fürs Gemüt. Ein Gericht, durch und durch gut. Vielleicht auch für diese Zeit.

PASTA E CECI

(FÜR 4 PERSONEN)
3 EL Olivenöl + etwas mehr zum Servieren
2 Schalotten
2 Stangen Staudensellerie mit Grün
2 Knoblauchzehen
3 Zweige Rosmarin
2 Dosen Kichererbsen (à 400 g) aus der Dose
¾ l Hühner- oder Gemüsebrühe
100 ml Weißwein
120 g kleine Röhrchennudeln, z. B. Ditalini
Salz
schwarzer Pfeffer aus der Mühle
1 Handvoll Basilikum oder Petersilie

1. In einem Topf mit dem Olivenöl die geschälten, in kleine Würfel geschnittenen Schalotten und die in ebenso kleine Würfel geschnittenen Selleriestangen bei geringer Hitze andünsten. Etwa eine Handvoll Selleriegrün fein hacken, mitdünsten. Knoblauch schälen, fein hacken oder raspeln, dazugeben, alles etwa 10 Minuten sehr sanft anbraten, auf keinen Fall bräunen.
2. Die Nadeln von den Rosmarinzweigen ziehen. Nadeln sehr fein hacken, in den Topf geben und 2 weitere Minuten anbraten. Dann die abgespülten und abgetropften Kichererbsen hinzufügen, mit Brühe und Weißwein angießen, aufkochen und 10 Minuten blubbernd kochen lassen.
3. Die Hälfte der Kichererbsen mit einem Sieblöffel aus dem Topf nehmen, die in der Brühe im Topf verbliebenen Kichererbsen mit dem Stabmixer cremig pürieren.
4. Kichererbsen zurück in den Topf geben, Nudeln dazugeben. Alles kochen, bis die Nudeln gar sind, zwischendurch umrühren. Bei Bedarf Wasser dazugeben – oder auch nach Geschmack: Manche mögen die Pasta e ceci eher suppig als cremig.
5. Salzen – und mit frisch gemahlenem Pfeffer, einem Spritzer Olivenöl und den grob gehackten Kräutern servieren.

BÄRLAUCH-SPARGEL-QUICHE

HEXENZWIEBEL, Wilder Knofel, Wurmlauch: Das mythenumrankte Kraut, das um die Walpurgisnacht herum, Ende April bis Anfang, Mitte Mai, in Wald und Wiesen geerntet wird, hat viele Namen. Bärlauch ist jedoch der gebräuchlichste für diese zarte und dennoch ausdrucksstarke Pflanze, deren Blätter mit denen des giftigen Maiglöckchens und der noch giftigeren Herbstzeitlose so starke Ähnlichkeit haben, dass es jedes Jahr zur Bärlauchzeit zu Todesfällen kommt. Bärlauch, das Liliengewächs (das aber keineswegs nach Lilien duftet, sondern schwefelig, knoblauchwürzig, aber trotzdem zart und leicht), ist das Gegenteil von giftig, ihm ist eine erhebliche Heilwirkung zu eigen.
Vielleicht wussten das ja auch die wilden Bären in den dunklen Wäldern, damals. Die, so glaubten die alten Germanen, sich an Bärlauchblättern labten, um nach dem Winterschlaf wieder zu Saft und Bärenkraft zu kommen. Die Germanen hielten den Bärlauch in großen Ehren, wie überhaupt alle Lauchgewächse. Für die es sogar eine eigene Rune gab, die die Macht besessen haben soll, gestockte Kraft und Energien wieder in Fluss zu bringen. „Sonne von Süden fiel auf den Felsen, und dem Grund entsprang der grüne Lauch", heißt es in der „Edda", der altnordischen Liederhandschrift, über den Bärlauch. Er wird darin als eine der ersten Pflanzen der Schöpfung beschrieben. Und große Helden wie Sigurd oder Helgi der Hundingstöter werden in den Versen ehrerbietig mit „edlem Lauch" verglichen.
Auch Karl der Große war ein großer Bärlauch-Freund. Er verfügte im Jahr 812, dass in jedem Garten der kaiserlichen Güter Bärlauch wachsen solle, so gesund sei dieses Kraut. Bärlauch solle die Lebensgeister stärken.

SO STARK, DASS „DIE SKROFULÖSEN UND DIE BLEICHSÜCHTIGEN, DIE AUSSEHEN, WIE WENN SIE SCHON IM GRABE GELEGEN UND VON DEN HENNEN WIEDER HERVORGESCHARRT WORDEN WÄREN, NACH SEINEM GENUSS AUFBLÜHEN WIE EIN ROSENSPALIER", SCHRIEB DER SCHWEIZER KRÄUTERPFARRER JOHANN KÜNZLE RUND TAUSEND JAHRE SPÄTER.

Heute weiß man, weshalb Bärlauch so gesund ist: Er enthält viel Vitamin C, das das Immunsystem stärkt, Kalium, das gut für Herz und Kreislauf ist. Und Eisen, das die Blutbildung fördert. Die Flavonoide im Bärlauch schützen gegen Krebs, seine Senfölglykoside helfen der Verdauung und kurbeln den Stoffwechsel an. Und nicht zuletzt schenkt der frische, würzig wilde Geschmack des Bärlauchs ganz einfach Lebensfreude.

Grund genug für eine Mahlzeit, in der der Bärlauch besonders reichlich vorkommt: In Streifen geschnitten, aromatisiert er die sahnige Creme unserer Quiche mit grünem Spargel, Frühlingszwiebeln und Ziegenkäse. Und flüssig wird er dann auf die fertige Quiche geträufelt, als herrlich intensives, grünes Bärlauchpesto. Das nach Frühlingswald und Frische – und irgendwie nach Aufbruch duftet.

BÄRLAUCH-SPARGEL-QUICHE

(FÜR EINE TARTEFORM)

QUICHE:

- 275 g Blätterteig (Rolle aus dem Kühlregal)
- getrocknete Hülsenfrüchte zum Blindbacken
- 2 EL Zitronensaft (einer fürs Spargelwasser, einer für die Creme)
- 2 TL Salz
- 500 g grüner Spargel
- 5–7 Frühlingszwiebeln
- 3 Eier
- 200 g saure Sahne
- 200 g Crème fraîche
- 50 g geriebener Parmesan
- 50 g geriebener Ziegengouda
- Salz, schwarzer Pfeffer
- 25 g Bärlauch

PESTO:

- 50 g Bärlauch
- 2 EL Pinienkerne
- 2 EL geriebener Parmesan
- 5 EL Sonnenblumenöl
- 2–3 EL Zitronensaft
- Salz, schwarzer Pfeffer aus der Mühle

1. **Für die Quiche** Ofen auf 180 °C Umluft vorheizen. Eine Tarteform (rund: 26 cm, eckig: 31 × 21 cm) mit Blätterteig auskleiden, Backpapier über Teig und Ränder legen und mit Hülsenfrüchten füllen, 15 Minuten blindbacken.
2. Etwa 1 l Wasser mit 1 EL Zitronensaft und Salz zum Kochen bringen, in der Zwischenzeit vom grünen Spargel die Enden, von den Frühlingszwiebeln die Wurzelenden abschneiden.
3. Spargel kochen, nach 3 Minuten die Frühlingszwiebeln für 1 weitere Minute dazugeben, Spargel und Frühlingszwiebeln aus dem Wasser nehmen, 3 EL Spargelwasser zurückbehalten.
4. Eier verquirlen, etwa 1 EL davon abnehmen, beiseitestellen. Die verquirlten Eier mit saurer Sahne, Crème fraîche, den 3 EL Spargelwasser und 1 EL Zitronensaft gut verrühren. Parmesan und Ziegengouda reiben. Zur Creme hinzufügen, dann mit Salz und Pfeffer abschmecken.
5. Vom Bärlauch die Stiele abziehen, indem man die Blätter über der Mittelrippe sanft zusammendrückt, und dann den Stiel nach oben zur Blattspitze zieht. Die entstielten Blätter dann in nicht zu feine Streifen schneiden. Unter die Creme heben.
6. Die blindgebackene Quiche aus dem Ofen nehmen, Backpapier mit Hülsenfrüchten entfernen **(beides kann fürs nächste Mal aufgehoben werden)**, die Creme auf den Teigboden geben, dann Spargel und Frühlingszwiebeln darauf verteilen. Blätterteigränder mit dem zurückbehaltenen verquirlten Ei bestreichen. Quiche im Ofen etwa 20 Minuten backen, bis die Creme gestockt und ganz leicht golden ist.
7. Zur Quiche schmeckt wunderbar das Bärlauchpesto, das man in der Zwischenzeit zubereiten kann: **Für das Pesto** vom Bärlauch die Stiele und Mittelrippen abziehen, die Blätter dann in grobe Streifen schneiden, Pinienkerne ohne Fett ganz kurz anrösten, nicht bräunen, Parmesan reiben. Alles mit Sonnenblumenöl in einem hohen Becher mit dem Stabmixer zu einem recht flüssigen Pesto pürieren, mit Zitronensaft, Salz und Pfeffer abschmecken.
8. Die Quiche in Stücke schneiden und mit dem Pesto beträufelt servieren. Und wer mehr Pesto mag, macht einfach die doppelte Menge. Das Pesto hält sich im Kühlschrank ein paar Tage und schmeckt auch toll mit ein paar geviertelten Cocktailtomaten zu Pasta oder in einen Quark gerührt auf Roggenbrot.

SCONES MIT RHABARBER CURD

TEE GEHÖRT ZU ENGLAND wie die Queen, fast zwei Kilogramm losen Tee verbraucht ein durchschnittlicher Brite pro Jahr für sein Lieblingsgetränk. Um 1700 begann die englische Teemode am Hof von Königin Anne II. Diese nämlich startete ihren Tag mit chinesischem Tee anstatt mit einem kräftigen Schluck des damals morgens üblichen Warmbiers. Die feine Gesellschaft folgte ihrem Beispiel, Teetrinken wurde populär, ab 1750 wurden die ersten Tea Gardens eröffnet. Mit der Senkung der hohen Teesteuer im Jahre 1783 wurde Tee auch für die Mittelschicht erschwinglich. Um 1840 erfand Anna Russell, Duchess of Bedford, eine Hofdame von Queen Victoria, den Afternoon Tea, eine kleine Mahlzeit zwischen Lunch und Dinner, das damals recht spät, gegen 21.00 Uhr, serviert wurde. Sie bemerkte am Nachmittag „a light feeling", ein flaues Gefühl, dem sie mit einem kleinen Imbiss und einer Kanne Tee beikam. Der Afternoon Tee wurde am viktorianischen Hof eine Institution, die bald vom Bürgertum übernommen und – mit der Teeparty des verrückten Hutmachers in „Alice in Wonderland" – sogar in die Weltliteratur einging. Süße und salzige Kleinigkeiten werden zum Afternoon Tee serviert, Törtchen, Blätterteigrollen, Miniaturpasteten, Gurkensandwiches – und immer, immer Scones. Scones sind die mürben, sandigen Küchlein, die den Engländern so heilig sind, dass der britische National Trust das perfekte Scones-Rezept auf seiner Webseite veröffentlicht.

SCONES WERDEN TRADITIONELL MIT CLOTTED CREAM, EINER SEHR FETTEN, FAST BUTTRIGEN SAHNE, UND MIT ERDBEERMARMELADE SERVIERT. ODER MIT CURD, AUCH EINE DIESER KÖSTLICHEN ENGLISCHEN KULINARISCHEN ERRUNGENSCHAFTEN: CURD IST EIN AUFSTRICH, CREMIG, SÜSS UND SAUER UND IM MUND SCHMELZEND WIE EISKONFEKT.

Essenziell für die süße Creme, die aus Eiern, Butter und Zucker besteht, ist ihre Säure, die sie wunderbar erfrischend macht. Diese Säure kommt meist von Zitronen, kann aber auch von Limetten, Mandarinen, von Maracuja oder eben von Rhabarber kommen, wie bei unserem Rhabarber Curd (der im Kühlschrank rund vier Tage haltbar ist und sogar eingefroren werden kann – und sich auch als hübsches kleines Ostermitbringsel eignet). Schlüpfen Sie mit dem weißen Kaninchen durchs Rabbit Hole ins Wunderland – und probieren Sie den Rhabarber Curd zu den Scones bei einer Tea Party wie Alice beim verrückten Hutmacher. Oder, sollten Sie in London sein: Nehmen Sie Platz bei Fliegenpilzen aus Erdbeeren und Sahne-Marshmallows, Sponge-Cake mit Zifferblatt, Tartelettes mit Schachbrettmuster und eben Scones mit Rhabarber Curd. Beim „Mad Hatters Afternoon Tea“ im Sanderson Hotel im Londoner Stadtteil Fitzrovia. Folgen Sie dem weißen Kaninchen!

SCONES MIT RHABARBER CURD

SCONES (6–8 STÜCK):
- 350 g Mehl
- 1 TL Backpulver
- 1 Prise Salz
- 85 g eiskalte Butter, in kleine Würfel geschnitten
- 45 g Zucker
- ½ Tütchen Vanillezucker
- 1 Spritzer Zitronensaft
- 175 ml Milch
- 1 Ei

RHABARBER CURD:
- 600 g Rhabarber, je röter, desto besser
- 4 Eier
- 200 g Butter, eiskalt, in kleine Würfel geschnitten
- 175 g Zucker
- 4 gestrichene TL Stärke
- eventuell ein wenig Grenadine, für die Farbe

SCONES:

1. Mehl, Backpulver und Salz gut mischen, die Butter möglichst rasch mit den Fingerspitzen einarbeiten, nicht kneten, sondern Mehl mit der Butter krümelig zerreiben, sodass eine sandige Masse entsteht. Zucker, Vanillezucker und den Spritzer Zitronensaft hinzufügen, einarbeiten.
2. Milch leicht erwärmen. Ofen auf 220 °C Ober-/Unterhitze vorheizen, Backblech in den Ofen schieben, sodass es sich aufheizt. Ei mit einer Gabel in einer Tasse verschlagen, beiseitestellen.
3. Mit einem Speisemesser **(damit die Butter von der Handwärme nicht schmilzt)** die Milch in den Teig einarbeiten, nicht kneten.
4. Den bröckeligen Teig auf die bemehlte Arbeitsfläche geben, jetzt vorsichtig und nur kurz drücken und kneten, den Teig dann mit den Händen platt drücken – etwa 4 cm hoch.
5. Mit einem 6-cm-Ring, der einen möglichst scharfen Rand hat und vor dem Ausstechen immer wieder in Mehl getaucht wird, Teigkreise ausstechen, diese aufs heiße Backblech legen.
6. Die Oberfläche der Scones mit dem verschlagenen Ei bepinseln. Scones in 10 bis 15 Minuten backen, bis sie aufgegangen und golden sind. Noch warm mit dem Rhabarber Curd servieren.

RHABARBER CURD:

1. Den Rhabarber waschen, von den Blättern befreien und in etwa 3 cm große Stücke schneiden, im Standmixer oder mit dem Stabmixer so fein wie möglich pürieren.
2. Püree in ein Sieb über eine Schüssel geben, mit einem Holzlöffel den Saft auspressen, etwa 350 ml Saft werden benötigt.
3. Eier, Butter, Zucker, Stärke und ¼ l des Rhabarbersaftes in einen kleinen Topf geben, mit einem Schneebesen gut verrühren und auf sehr niedriger Hitze erwärmen, beständig rühren, bis die Butter geschmolzen ist.
4. Jetzt mit einem Holzlöffel weiterrühren, nach wie vor bei kleiner Temperatur. Es dauert, bis der Curd andickt, trotzdem: Widerstehen Sie dem Impuls, die Temperatur zu erhöhen, sonst stockt das Ei zu schnell und wird zu Rührei.
5. Sobald die Creme dicker ist und eine Konsistenz wie heißer Pudding hat, vom Herd nehmen, den restlichen Rhabarbersaft einrühren **(plus eventuell einen Spritzer Grenadine für die Farbe).**
6. Creme in Schraubgläser füllen. Sie hält sich im Kühlschrank 4 Tage – und sie kann eingefroren werden.

SPARGEL MIT _BOZNER SAUCE

VOR EIN PAAR JAHREN war ich über Ostern im April in Südtirol. Es war wunderbar warm, Sommerkleid-Wetter, die Sonne lachte vom Himmel, es roch nach Kaffee und nach Süden, wir saßen in Meran bei Aperol Spritz neben eingetopften, aber sehr majestätischen Palmen im Straßencafé. Auf der Fahrt Richtung Bozen durch die herrliche Landschaft, die in den duftigen Blütenschaum der Südtiroler Apfelblüte gehüllt war, konnten wir uns nicht sattsehen an den weiß leuchtenden Gipfeln unterm hellblauen Himmel. Wir kauften Wein in Terlan, danach spazierten wir hinauf zur Ruine von Burg Maultasch, die ihren Namen von Margarete von Tirol hat, die dort vor etwa 650 Jahren immer wieder gerne residiert hat. Ihren eindrucksvollen Ehrennamen Margarete Maultasch hat sich die ehemalige Tiroler Landesherrin durch ihr loses Mundwerk erworben, heißt es.

DAS WORT MAULTASCH MACHTE UNS HUNGRIG, UND SO KEHRTEN WIR IN EINEM WIRTSHAUS EIN UND BESTELLTEN „SPARGEL MIT BOZNER SAUCE“ DIE MIR KEIN BEGRIFF WAR, ICH WAR NEUGIERIG.

Und dann kamen sie, die schneeweißen, edlen Stangen, Terlaner Spargel ist berühmt: Der Kellner rieb Parmesan über das feine Gemüse, der in leichten Flocken auf die Stangen herabschwebte und sofort mit ihnen verschmolz. In einer Sauciere kam die Spargelbegleitung, die Bozner Sauce: gehacktes Ei in einer würzigen, herrlich säuerlichen Schnittlauchvinaigrette, durch das Eigelb schön cremig angemacht. Eine so feine Komposition in den Frühlingsfarben Weiß, Gelb und Grün! Die an Gänseblümchen, grüne Wiesen und an flaumige Küken denken lässt. Und deutlich leichter ist als eine Sauce Hollandaise.
Spargel mit Bozner Sauce ist ein ebenso köstliches wie unkompliziertes Gericht, das ich zur Spargelzeit recht oft mache. Weil es so unglaublich schnell geht und so herrlich schmeckt – und man neben Spargel, Ei und ein wenig Parmesan kaum Zutaten braucht, die man nicht ohnehin zu Hause hat. Perfekt als rasches und raffiniertes Ostermahl auf den letzten Drücker (auf den Landstraßen sieht man gerade überall Spargelbuden, oft werden da auch gleich Eier mitverkauft). Wer mag, reicht noch dünne Scheiben vom vielleicht ja sogar in der Osternacht geweihten Kochschinken dazu. Und, wie immer, ergänzen kleine neue Kartoffeln den weißen Spargel perfekt.

SPARGEL MIT _BOZNER SAUCE

(FÜR 4 PERSONEN)
2 kg weißer Spargel
1 EL Salz
½ EL Zucker
2 EL Zitronensaft
½ EL Butter
4 Eier
2 TL Senf
Salz, weißer Pfeffer
100 ml Sonnenblumenöl (wenn gerade keines da oder zu kriegen ist, geht genauso gut Rapsöl)
50 ml Olivenöl
2–3 EL Weißweinessig
2 EL vom Spargelsud
2 EL Schnittlauchröllchen
ca. 50–80 g Parmesan

1. Den Spargel schälen und die holzigen Enden abschneiden. In einem großen Topf etwa 3 l Wasser zum Kochen bringen. Salz, Zucker, Zitronensaft und die Butter dazugeben. Den Spargel bei schwacher Hitze darin kochen, bis er gar ist – **das dauert je nach Dicke der Stangen zwischen 10 und 15 Minuten, Garprobe machen.**
2. In der Zwischenzeit die Eier in 8 Minuten hart kochen, abschrecken, schälen, Eigelb und Eiweiß trennen. Eigelb in eine Schüssel zerbröseln und mit Senf, Salz, Pfeffer und 2 EL vom heißen Spargelsud mit einem Schneebesen cremig rühren, dann das Öl in einem langsamen Strahl einrühren, Essig zugeben, rühren. Eiweiß hacken und mit dem Schnittlauch unter die Sauce geben.
3. Den heißen Spargel am besten auf vorgewärmten Tellern anrichten, Parmesan grob darüberreiben, die Bozner Sauce dazu servieren.

EIERCURRY — AUS SRI LANKA

VERGANGENES JAHR wollte ich, wie fast immer am Ostermontag, einen Eiersalat aus den bunt gefärbten Eiern machen, die vom Osterfrühstück am Vortag übrig geblieben waren. Eiersalat schmeckt wunderbar – aber letztes Jahr hatte ich Lust auf etwas anderes. Mir fiel das Eiercurry ein, das ich einmal in Sri Lanka gegessen hatte.

CURRYS WAREN AUF DIESER REISE EINE TÄGLICHE MAHLZEIT, ICH HABE CURRYS MIT ALLEM GEGESSEN, WAS ES AUF DER INSEL AN GEMÜSE, FISCH UND GEFLÜGEL NUR GAB: JACKFRUIT-, FISCH- UND LINSENCURRY, CURRYS MIT ROTEN BETEN, MIT AUBERGINEN, MIT HÜHNCHEN ODER MIT OKRASCHOTEN.

Ich liebte die Currys! Einmal ging ich über einen Markt in einem lang gezogenen Dörfchen, das nahtlos in die Stadt Ambalangoda überging, die für ihre Dämonenmasken und Feuertänzer bekannt ist. Ein Marktstand reihte sich an den anderen, in üppigen Büscheln hingen Bananen von Markisengestängen, in großen, offenen Säcken wurden rote und grüne Chilis verkauft. Riesige Papayas, aufeinandergestapelt, säumten die Marktgasse, wie auch Ananasberge, Wassermelonenpyramiden und große Haufen von Rambutans, wie

die litschiartigen Steinfrüchte heißen, die von einer roséfarbenen Schale mit streichelweichen Stacheln umhüllt sind. Dann kamen die Stände mit den Rotis und Parathas, den flachen, auf Holzkohle unter Wenden gebackenen Broten. Und bald roch ich den Duft von Curry. An den Ständen in diesem Dorf sah ich zum ersten Mal ein Curry, cremig und gelb, in dem weder Gemüse noch Fisch noch Fleisch badete – sondern ganze und halbierte hart gekochte Eier. Ich nahm eine Portion und ein heißes Roti mit, ging die paar Schritte zum Strand, an dem sich die Wellen des Indischen Ozeans brachen, setzte mich unter eine Palme und aß dieses besondere Curry, das so weich und so wunderbar würzig war. Tunkte das Brot ein und fühlte mich glücklich.
Jahre später schälte ich also in der heimischen Küche blaue, rot geringelte und lila getupfte Eier. Und ich kochte dieses Eiercurry aus Sri Lanka nach, umgeben von Osterglocken und Schokohasen. Durchs Fenster kam Vogelgezwitscher. Ich briet die Eier an, dann die Zwiebeln, den Ingwer, die Gewürze. Und ließ mich von den betörenden Düften gedanklich nach Sri Lanka geleiten, zu den Palmen, den vibrierenden Farben, zum Meer und seiner brausenden Brandung, zum Sinnesrausch der Gewürze.
„Abwechslung ist die Würze des Lebens", so lautet ein Sprichwort in Indien und Sri Lanka. Ein Curry am Ostermontag? Warum nicht, es schmeckt herrlich. Und wenn Sie öfter indisch oder südostasiatisch kochen, haben Sie alles, was sie benötigen, im Vorratsschrank. Und die hart gekochten Eier? An denen sollte Ostern kein Mangel sein.

EIERCURRY — AUS SRI LANKA

(FÜR 4 PERSONEN)
3 Schalotten oder kleine rote Zwiebeln, geschält und in dünne Scheiben geschnitten
Saft von 1–2 Limetten
2 EL Kokosöl
6–8 hart gekochte Eier, geschält
1 Stück Ingwer, etwa ½ Daumen lang, gerieben
1 kleine rote oder grüne Chilischote, von den Kernen befreit, in dünne Ringe geschnitten, eventuell etwas mehr zum Anrichten
2 Knoblauchzehen, geschält und fein gewürfelt oder geraspelt
2 TL Kurkuma
2 EL Curry
2 TL Bockshornkleesamen, ganz oder gemahlen
1–2 kleine getrocknete Chilis, zwischen den Fingern zerrieben (ohne Kerne)
1 EL gelbe oder schwarze Senfkörner
12 kleine Cocktailtomaten
1 Dose (400 ml) Kokosmilch
Salz
eventuell 1 Handvoll Korianderblätter

1. Ein Drittel der in Scheiben geschnittenen Schalotten oder Zwiebeln mit etwas Salz bestreuen und mit Limettensaft bedecken.
2. Im heißen Kokosöl die hart gekochten Eier, die vorher einige Male mit einer Gabel eingestochen wurden, rundherum golden anbraten. Gebratene Eier zur Seite geben.
3. Im verbliebenen Kokosöl bei deutlich niedrigerer Temperatur die restlichen geschnittenen Zwiebeln, Ingwer, Chili und Knoblauch langsam braten, dann alle Gewürze zugeben.
4. Die Tomaten vierteln und hinzugeben, 2 Minuten unter Rühren schmoren lassen, Kokosmilch hinzufüen, alles etwa 10 Minuten köcheln lassen.
5. Eier, teilweise halbiert, teilweise ganz, dazugeben, alles 2 Minuten köcheln lassen. Curry abschmecken, salzen.
6. Mit den marinierten Schalotten, eventuell etwas frischem Chili und den Korianderblättern servieren.

ERBSEN-MINZ-SUPPE

VON WEGEN WEICH UND SAFTIG-SÜSS: Erbsen waren früher hart wie Kieselsteine. Und als solche, so weiß es der nordische Mythenschatz, vom Donnergott Thor als passend empfunden, die Menschheit abzustrafen, die ihm dreist ihre Hochachtung versagte. Thor pfiff ein Regiment von Flugdrachen herbei und ließ sie ihre Mäuler mit Erbsen füllen. Die Drachen spien dann den Menschen ihre Brunnen mit den Erbsen voll, um sie zu verstopfen. Weil bei dieser Strafaktion auch Erbsen auf die Äcker fielen und zu Erbsenpflänzchen heranwuchsen, lag in der Strafe auch ein großer Segen: Nachdem die Menschen ihre Brunnen wieder freigeräumt hatten, waren sie heilfroh über die Hülsenfrucht, die ihnen bald nährstoffreich die Magen füllte. Um ihre Dankbarkeit auszudrücken, so heißt es, aßen die Nordmänner von nun an Thor zu Ehren Erbsensuppe, an jedem Donnerstag (im Deutschen nach dem Donnergott benannt, im Schwedischen heißt er „Torsdag“, Tag des Thors). In einigen Gegenden von Deutschland isst man am Donnerstag noch immer Erbsensuppe, im Schwäbischen zum Beispiel. Aber auch in Schweden oder Finnland.

AUCH IN ENGLAND ASS MAN IMMER SCHON VIEL ERBSENSUPPE. IM MITTELALTER LIESS MAN SIE LANGE KÖCHELN, ERBSEN ASS MAN DAMALS NICHT FRISCH, SONDERN LAGERTE SIE GETROCKNET. SIE WAREN NACH WIE VOR HART UND UNZUGÄNGLICH UND NOCH VIELE, VIELE KREUZUNGS- UND ZÜCHTUNGSGENERATIONEN ENTFERNT VON DEN FRUCHTIG-SÜSSEN, QUIETSCH-GRÜNEN GUTE-LAUNE-BÄLLCHEN, DIE WIR HEUTE KENNEN.

Ins Suppenwasser gab man damals Schinkenspeck – und eine große Handvoll frische, grüne Minze, deren ätherische Öle und minzig-kampferige Schärfe den dumpfen Erbsengeschmack vertrieb. Grüne Minze gilt als typisch britisch, ist aber ein Kraut, das damals in jedem europäischen Klostergarten wuchs.

Apropos Klostergarten: In einem solchen führte viele Jahre später der Mönch und Priester Gregor Mendel seine berühmten Versuche an der Erbsenpflanze durch, die den Weg für das systematische Kreuzen und Züchten frei machen sollten. Die Erbsen wurden so im Lauf der Jahre immer saftiger und süßer, sodass man eigentlich bald keine Minze zu den Erbsen mehr brauchte, sie verschwand dann auch als Zutat für Erbsen in Europa.

In ganz Europa? Nein. Weil die Engländer Traditionalisten sind, lebt die Erbsen-Minz-Kombination auf der Insel ungebrochen fort. Und das ist wunderbar! Warum, erlebt man, wenn man den ersten Löffel dieser raffinierten und trotzdem supereinfachen Erbsen-Minz-Suppe isst: der heiße, samtig-süße Suppenschaum in Kermitgrün, in den sich die mit Schinkenwürfeln aromatisierte Sahne rauchig mischt … Der Biss auf ein paar Erbsen, die so saftig platzen. Und dann – durch das Menthol so kühl und frisch wie Gletschereis – das dunkelgrüne Minz-Olivenöl! Das diese Kindersuppe herrlich erwachsen macht.

Essen Sie Erbsensuppe! Give Peas a Chance! Erweisen Sie Thor, dem Donnergott, die Ehre. Bevor der Ehrerweisungs-Erbsenzähler sich zu einer weiteren Strafe anschickt und seine Zwerge sendet, die nachts die Erbsenfelder leeren, wie es die nordische Sage weiß …

ERBSEN-MINZ-SUPPE

(FÜR 4 PERSONEN)
150 g Schlagsahne
100 g Schinkenwürfel + weitere 50 g für die Dekoration
1 Schalotte oder kleine Zwiebel
1 Knoblauchzehe
1 EL Butter
1–2 Kartoffeln, je nach Größe
600 ml Gemüsebrühe
1 Bio-Zitrone
4 Zweige Minze
4 EL Olivenöl
Salz
weißer Pfeffer, gemahlen
1 Spitzer Tabasco
500 g TK-Erbsen

1. Sahne und 100 g Schinkenwürfel in einen kleinen Topf geben, mit geschlossenem Deckel bei sehr sanfter Hitze ganz langsam erwärmen, auf keinen Fall sieden oder sogar kochen lassen, alles auf kleinster Stufe warm halten. Die restlichen 50 g Schinkenwürfel kross braten, auf Küchenpapier entfetten, beiseitestellen.
2. Schalotte und Knoblauch schälen, beides würfeln, in einem großen Topf in der Butter sanft andünsten.
3. Kartoffel schälen, in Würfel schneiden, zu Schalotten- und Knoblauchwürfeln geben, anschwitzen lassen. Dann Brühe angießen, zum Kochen bringen, 10 Minuten köcheln, bis die Kartoffeln weich sind.
4. Inzwischen die Schale der Zitrone (etwa der halben) fein abreiben, die eine Hälfte der Zitrone auspressen. Minze waschen, trocken schütteln und die Blättchen abzupfen, ein paar Blättchen für die Deko zur Seite legen. Übrige Minzblättchen zusammen mit dem Olivenöl und dem Zitronenabrieb mit dem Stabmixer fein pürieren. Minzöl mit Salz, Pfeffer, etwas Zitronensaft und einem Schuss Tabasco abschmecken.
5. Gefrorene Erbsen zu den Kartoffeln geben, aufkochen, 3 bis 5 Minuten köcheln lassen. 3 bis 4 EL der gekochten Erbsen für die Deko aus der Suppe nehmen, dann Erbsensuppe im Standmixer oder mit dem Stabmixer sehr fein pürieren, **wer die Suppe besonders samtig will, passiert sie danach durch ein Sieb.** Erbsensuppe mit Salz, Pfeffer und etwas Zitronensaft abschmecken.
6. Zum Anrichten die Suppe in Schalen füllen, mit der Schinkensahne toppen. Minzöl auf der Suppe in Sprenkeln verteilen. Mit den angebratenen Schinkenwürfeln, ein paar Erbsen und Minzblättchen dekorieren.

STRAWBERRY-_CHEESECAKE

Als Kind wollte ich immer in einem Fliegenpilz wohnen. Mit Butzenscheibenfenstern und einem Ofen (in dem ich Kuchen backen würde für die Nachbarschaft, Maikäfer, Grashüpfer, Zwerge), dessen schmauchendes Ofenrohr aufs Fliegenpilzdach hinaufführen würde. Dieses Dach, das das Allerbeste an meinem Haus war: der rot-weiß getüpfelte Fliegenpilzhut! Stattdessen hatte ich rot-weiß gepunktete Kleider, einen Kinderpicknickkorb mit rot-weißen Tellern und Tassen und selbst heute findet sich in meiner Küche noch vereinzelt rot-weiß Gepunktetes, eine Teekanne und ein Porzellantortenheber.

ROT UND WEISS – DAS SIND FÜR MICH DIE GUTE-LAUNE-FARBEN SCHLECHTHIN. FARBEN, DIE DEN SOMMER ANKÜNDIGEN, WIE DIE MARKISE MIT DEN ROTEN UND WEISSEN BLOCKSTREIFEN ÜBER DER EISDIELE, WIE EIN ZIRKUSZELT, WIE EIN ROT-WEISS GEPUNKTETER WASSERBALL. UND NATÜRLICH DAS LEUCHTENDE ERDBEERROT UND DAS CREMEWEISS EINES STRAWBERRY-CHEESECAKES!

Für mich ist kein Kuchen zugänglicher, einladender und freundlicher als ein amerikanischer Cheesecake, dieser weiche, weiße Wonneproppen, versunken in seiner eigenen Cremigkeit. Die einmal vom Wasserbad kommt, dem der Cheesecake dampfgebacken entsteigt. Und vor allem kommt sie vom sahnigen Frischkäse. Der, anders als der nüchterne Magerquark im deutschen Käsekuchen, die Basis für die amerikanische Cheesecake-Creme bildet und auf Englisch liebevoll Cream Cheese heißt, ein Name, der viel besser zu diesem freundlichen Milchprodukt passt als das deutsche Wort „frisch", das an Kernseife, Frühjahrsputz und blaue Lippen vom Nordseebad denken lässt.
Cheesecake ist überbordende Üppigkeit, ist eine vanillesahneweiche Umarmung, nicht nur zum Muttertag. Und dazu frische, glänzende, duftende Erdbeeren! Geht es noch besser, sommerlicher, lieblicher? Die fruchtige Erdbeersüße auf dem Sahnecremefundament! Das Erdbeerrot, Herzchenrot, Wasserballrot. Rot wie ein Marienkäfer, wie ein Liebesapfel. Rot wie das Dach auf dem weißen Sockel eines Fliegenpilzhauses. Strawberry-Cheesecake, forever ...

STRAWBERRY-CHEESECAKE

(FÜR EINE SPRINGFORM VON 18 ODER 22 CM, dann wird der Kuchen flacher. Wer eine 26-cm-Springform benutzt, nimmt ein Drittel mehr von allen Zutaten)

CHEESECAKE:
150 g Vollkornkekse
80 g Butter
½ TL Meersalz
200 g Zucker
30 g Speisestärke
600 g Doppelrahmfrischkäse
1–2 EL Vanilleextrakt
2 Eier
120 g Schlagsahne

TOPPING:
500 g Erdbeeren
15 g Speisestärke
70 g Zucker (mehr nach Wunsch)
ein paar Spritzer Zitronensaft

1. Ofen auf 160 °C (Ober-/Unterhitze) vorheizen. Kekse in einen Gefrierbeutel füllen, mit einem Nudelholz darüberrollen und zerkrümeln. Butter schmelzen, mit den Kekskrümeln und dem Salz vermengen. Masse in eine Springform füllen, glatt drücken. 10 Minuten backen, in der Form auskühlen lassen.
2. Zucker und Stärke in einer Schüssel vermengen, Frischkäse und Vanilleextrakt zugeben und mit den Eiern und der Sahne mit dem Handrührgerät zu einer Creme schlagen. Die Masse auf den Keksboden in die Springform geben, glatt streichen.
3. Springform in Alufolie einschlagen: zwei etwa 50 cm lange Stücke Alufolie über Kreuz legen, die Springform mittig daraufstellen und sie so einschlagen, dass später im Wasserbad keine Flüssigkeit von unten in die Springform eindringen kann (Aluhülle ist übrigens wiederverwertbar).
4. Die eingeschlagene Springform auf ein tiefes Blech auf die unterste Schiene des Backofens stellen. Das Blech mit heißem Wasser füllen. Den Cheesecake bei 160 °C 45 Minuten backen, dann auf 140 °C herunterschalten, je nach Größe noch weitere 15 bis 30 Minuten backen, der Kuchen soll nicht bräunen. Dann einen Kochlöffel in die Ofentür klemmen und den Kuchen vollständig im Ofen auskühlen lassen. Cheesecake über Nacht kühl stellen.
5. **Für das Topping** die Erdbeeren stückig schneiden, für die Deko ein paar ganze Erdbeeren zur Seite legen. Erdbeerstücke und andere Zutaten unter Rühren aufkochen, 2 Minuten köcheln lassen, bis alles andickt. Topping über den Kuchen geben. Mit den ganzen Erdbeeren verzieren.

HÄHNCHEN-
_WALNUSS-SALAT

LANG HAT ER GEZÖGERT, doch endlich ist der Frühling da, mit einem Tusch: Die Magnolien öffnen sich explodierend in den blauen Himmel hinein, die Äste der Kirsch- und Birnbäume tragen duftige Wolken aus weißem Blütenschaum und die grünen Wiesen sind gelb vom Löwenzahn getüpfelt. Jetzt beginnt die Picknickzeit!
Perfekt fürs Picknick eignet sich ein Katmis Salata aus Georgien, der köstliche Hähnchensalat mit Walnusssauce, mit zartem Dill- und Minzaroma, mit Knoblauch und Zitronensaft. In Georgien ist der Katmis Salata fast immer Teil einer Supra, wie das traditionelle georgische Gastmahl heißt. Bei einer Supra ist Fülle das Schlüsselwort – es gibt gegrillte Auberginen mit Walnusspaste, Fladenbrot mit Käsefüllung, Pflaumen- oder Mirabellensauce, Teigtaschen mit Lammhack, Rindfleischeintopf mit Piment und Kümmel, scharfe Peperonipaste, Bohnensuppe, Pilzauflauf mit saurer Sahne, Rote-Bete-Salate, Bohnenmus, Lachs mit Granatapfelglasur. Und darüber regnet es ganze Hände voll Koriandergrün, Dill, Estragon und lila Basilikum.
John Steinbeck schrieb über eine georgische Supra, zu der er geladen worden war: „Der Anblick der Tafel brachte uns beinahe um ...“

„ICH GLAUBE, DIES WAR DIE EINZIGE MAHLZEIT, DIE WIR JEMALS ERLEBTEN, WO GEBRATENES HUHN ALS VORSPEISE GALT UND WO JEDE VORSPEISE EIN HALBES HUHN AUSMACHTE. UND DAS SCHRECKLICHE AN ALLEM WAR, DASS ALLES KÖSTLICH SCHMECKTE. DIE DÜFTE WAREN ALLE NEU, UND WIR WOLLTEN ALLES VERSUCHEN. UND WIR STARBEN BEINAHE, WEIL WIR UNS ÜBERASSEN."

Auf unserer Picknickdecke steht fürs Erste mal nur der köstliche Hähnchenfleischsalat mit seiner cremigen Walnusssauce, vielleicht ein Strauß Radieschen und ein paar Gurkenviertel, Brot und Wein. Feiern wir ein georgisches Gelage en miniature, zur Not auch ganz allein – vielleicht bei einem Picknick unter einem Walnussbaum!

HÄHNCHEN-WALNUSS-SALAT

(FÜR 4 PERSONEN)
1 küchenfertiges Hähnchen
1 Bund Suppengrün (Lauch, Sellerie, Karotte)
2 mittelgroße Zwiebeln
2 EL Sonnenblumenöl
200 g Walnüsse
½ Bund Dill
3 Zweige Minze
2 EL Mayonnaise
2 TL Korianderkörner
1 Knoblauchzehe
3–4 EL Zitronensaft
Salz, schwarzer Pfeffer aus der Mühle
1 EL Chiliflocken
Wer mag: frische Granatapfelkerne

1. Das Hähnchen in kaltem Wasser (das Waasser soll das Hähnchen bedecken) zum Kochen bringen, das grob gewürfelte Suppengrün zufügen, etwa 1 ½ Stunden köcheln, dann aus der Brühe nehmen, abkühlen lassen, die Brühe durch ein Sieb seihen. Die Haut vom Hähnchen entfernen, das Fleisch von den Knochen lösen, mit einer Gabel in mundgerechte Stücke zerteilen.
2. In der Zwischenzeit die Zwiebeln schälen und fein würfeln, in Sonnenblumenöl anschwitzen, nicht bräunen, sondern bei kleiner Hitze etwa 10 Minuten lang sanft anbraten.
3. Die Walnüsse im Mixer oder mit dem Stabmixer fein vermahlen, etwa 200 ml von der heißen Hühnerbrühe zugeben, weiter pürieren, bis eine dickflüssige Sauce entsteht.
4. Dillfähnchen von den Stielen zupfen, ein wenig davon beiseitelegen für die Garnitur. Minzblättchen abzupfen. Minze und Dill fein hacken, mit den Zwiebeln zur Walnusssauce geben. Die Mayonnaise hinzufügen.
5. Den Koriander in einer Pfanne ohne Fett anrösten, fein mörsern, zur Walnusssauce geben.
6. Knoblauch sehr fein hacken, mit Salz und einer flachen Messerseite zu einer Paste drücken. Knoblauch und Zitronensaft zur Walnusssauce geben, salzen, pfeffern.
7. Hähnchenfleisch mit der Sauce vermengen. Den Hähnchensalat mit Dill, Chiliflocken und eventuell Granatapfelkernen garnieren.

KOHLRABI-MÖHREN-_PASTA

In der Londoner Küche, in der ich damals arbeitete, packte ich eines Morgens das angelieferte Gemüse aus, schichtete die einzelnen Knollen, Wurzeln, Stangen, Bündel, Köpfe und Schoten in durchsichtige Behälter, die ich mit dem Namen der Sorte beschriftete. Oft kannte ich die Pflanzennamen nicht auf Englisch, wie zum Beispiel „sea buckthorn“, Sanddorn, oder „purslane“, Portulak. Bei manchen Pflanzen kannte ich nicht mal den deutschen Namen, wie bei der Gartenmelde, dem Lappentang oder dem Patisson. Als ich an jenem Tag die hellgrünen, kugeligen, zarten Kohlrabis auspackte, fiel mir auf, dass ich nicht wusste, was Kohlrabi auf Englisch heißt. Ich fragte Josh, den Souschef, und er sagte: „Kohlrabi!“
Ich war verblüfft: Hieß Kohlrabi in England etwa auch „Kohlrabi“? War Kohlrabi ein deutsches Lehnwort, wie „Kindergarten“, „Hinterland“, „Gesamtkunstwerk“? Nein, bestimmt nicht, sagten die englischen Kollegen aus der Küche ganz empört. Sie waren sich sicher, dass die Deutschen ganz einfach den englischen Namen entlehnt hätten. Ich fragte Damian, den bulgarischen Chef de Partie, wie Kohlrabi auf Bulgarisch heiße, „кольраби“, sagte er, „Kolrabi“. Ich frage Blonski, den polnischen Junior-Souschef, wie Kohlrabi in seiner Heimat heiße, er brummte: „Kalarepa“. Die ungarische Sommelière steuerte das ungarische „Karalábé“ bei, die Rezeptionistin, die aus Estland kam, warf „Kolarabi“ in den Hut.

WIR GOOGELTEN IN UNSERER PAUSE: IN SO VIELEN SPRACHEN HIESS KOHLRABI „KOHLRABI“ – ODER ÄHNLICH! „KOHRABIJE“ AUF ALBANISCH, „KAHALABI“ AUF ARABISCH, „KOLRABI“ AUF ARMENISCH, „KŌHALARABĪ“ AUF BENGALISCH, „KOLRABI“ AUF GEORGISCH, „KÁLRABI“ AUF ISLÄNDISCH, „KŌRURABI“ AUF JAPANISCH. UND AUF HINDI „KOLHAABEE“.

Die Engländer sagten, dass einfach alle diese Sprachen das Wort Kohlrabi aus dem Englischen entlehnt hätten, ich beharrte darauf, dass das nicht sein könne, denn Kohl sei nun einmal ein deutsches Wort. Und dann fand ich einen anderen englischen Namen für Kohlrabi: „German Turnip", deutsche Steckrübe!
Das war der Beweis, dass sich die halbe Welt das Wort Kohlrabi von uns ausgeliehen hatte! Mich freute das aus irgendeinem Grund sehr. Vielleicht, weil ich Kohlrabi selbst so gerne esse, wie übrigens sehr viele Menschen hierzulande: In keinem anderen Land der Welt wird so viel Kohlrabi angebaut und gegessen wie in Deutschland, deswegen gilt er auch als typisch deutsch. Und darum wurde auch der deutsche Name in viele Sprachen übernommen.
Ich hingegen habe mir aus unserer Londoner Küche eine Zubereitungsart entlehnt: Wir stachen aus den Kohlrabis murmelkleine Kugeln aus, die in Olivenöl sanft angeröstet wurden, zusammen mit winzigen Tupfen Möhrenpüree und Tröpfchen von einer Basilikum-Emulsion war dies Teil einer Garnitur für ein Gericht. Extrem vereinfacht habe ich diese Kombination für eine meiner Lieblings-Schnellst-Pasta übernommen: gedämpfte Möhren und Kohlrabistückchen, in gutem Olivenöl geröstet, mit Pinienkernen, die zum süß-nussigen Aroma des gerösteten Kohlrabis herrlich passen. Dazu frischer Basilikum, ein wenig Zitrone – und natürlich Parmesan!
Mit Linguine gibt das eine Frühlingspasta, die herrlich leicht ist und lauwarm an einem milden Abend wunderbar frisch und raffiniert schmeckt.

KOHLRABI-MÖHREN-PASTA

(FÜR 4 PERSONEN)
1 mittelgroßer Kohlrabi
2–3 Möhren
300–400 g Linguine
50 g Pinienkerne
4–6 EL Olivenöl
1 Bio-Zitrone
ca. 100 g Parmesan
½ Bund Basilikum
schwarzer Pfeffer aus der Mühle
Salz

1. Etwa 1 l Wasser zum Kochen bringen, salzen.
2. In der Zwischenzeit Kohlrabi und Möhren schälen, Kohlrabi achteln, Möhren vierteln und jeweils in dünne Scheiben schneiden.
3. Linguine ins kochende Wasser geben, das Gemüse in ein Metallsieb **(Kunststoff kann schmelzen)** oder in einen Dämpfaufsatz geben, über das kochende Wasser hängen oder stellen. Wer keinen Dämpfaufsatz oder kein Metallsieb hat, blanchiert das Gemüse in kochendem Wasser. Gemüse im Dampf bissfest garen, nicht zu weich, beiseitestellen. Pasta abseihen, wenn sie al dente ist.
4. In der Zwischenzeit in einer Pfanne die Pinienkerne ohne Fett goldbraun rösten, aus der Pfanne nehmen, beiseitestellen.
5. 4 EL Öl in der Pfanne erhitzen, Kohlrabi und Möhren darin goldgelb anrösten, eventuell Hitze erhöhen und mehr Öl dazugeben. Schale der Zitrone abreiben und hinzufügen, salzen, gut vermengen.
6. Pasta unter das Gemüse mischen. Parmesan reiben, ein wenig für die Dekoration zurückhalten, ansonsten dazugeben. Basilikumblätter von den Stielen lösen, ein paar Blätter für die Dekoration zurückhalten, Rest in grobe Streifen schneiden, zur Pasta geben, alles vermengen.
7. Pasta mit dem Zitronensaft und dem restlichen Olivenöl abschmecken, pfeffern. Pinienkerne dazugeben, alles vermengen. Pasta mit Parmesanspänen und Basilikumblättern garnieren.

FISCHFILET _À LA MEUNIÈRE

Julia Child, die von den Amerikanern zutiefst geliebte US-Fernsehköchin, aß im Jahr 1948 zum ersten Mal eine „sole à la meunière“. Diese Seezunge, genossen im Restaurant „La Couronne“ in Rouen, war „perfekt gebräunt in sprudelnder Butter, mit etwas Petersilie besprenkelt“, wie sie in „My Life in France“ schreibt, „sie war das herrlichste Essen meines Lebens“. Verewigt ist dieser Moment im Film „Julia & Julia“, in der Meryl Streep als Julia vor Entzücken über das Gericht so außer sich gerät, dass ihr fast die Tränen kommen. Und dem Zuschauer fast auch, denn man meint sie fast zu schmecken, diese „sole à la meunière“: die süße Buttersauce, die weiche Säure der Zitrone, die herbe Petersilienwürze. Und den herrlich zarten Fisch – feucht, weich, frisch wie das Meer von innen, außen das feine Karamell der Röstaromen.
Diese Seezunge öffnete Julia Child eine Tür in eine neue Welt, die des Genusses und der Kochkunst. Denn dieses unwahrscheinlich einfache Gericht, das aus nur fünf Zutaten besteht, zeigt erst bei richtiger Zubereitung sein großes Leuchten. Und Julia Child, diese fast vierzig Jahre alte Amerikanerin, die Fisch bis dato eher als Bratmakrele oder frittiert mit Eiersauce kannte, hatte mit dieser Seezunge ein Erweckungserlebnis. Ihr wurde klar, dass kochen zu lernen – so, genau so, wie es die Franzosen konnten–, ihre Bestimmung wäre. Und so war es: Julia Child lernte kochen, an der Pariser Kochschule Le Cordon Bleu. Und noch mehr: Sie brachte Jahre später ihrer Nation das Kochen bei. Mit ihrem Kochbuch „Mastering the Art of French Cooking“, einem Millionenseller. Und mit ihren Fernsehsendungen, Kochshows, die eine Kunstform für sich wurden. Lässig bei einem Glas Wein, exzentrisch bis zur Durchgeknalltheit, nicht gescriptet, passierte in Childs Küche manchmal, was eben auch passieren kann: Crêpes brannten an, Kuchen fielen auseinander, Omeletts blieben innen roh. Child, einen Meter neunzig groß, mit ondulierten Locken und mit Perlenkette, begnadet mit Witz, Liebenswürdigkeit und Sprachkunst, nahm jedes

Malheur mit Würde und mit Hintersinn, mit clownesker Anmut, mit Ehrlichkeit und jener Prise Anarchie („Wenn Ihnen das Lamm herunterfällt und keiner hat's gesehen, dann ist es doch egal, nicht wahr?"), die ihr die Herzen zufliegen ließ.

SIE NAHM AMERIKA DIE ANGST VORM KOCHEN UND PROPAGIERTE DIE WHAT-THE-HELL-ATTITUDE, IHREN NA-UND-ANGANG. UND FLÖTETE FRÖHLICH MIT AMERIKANISCHEM AKZENT IHR „BON APPÉTIT!", DAS ZU CHILDS MARKENZEICHEN WURDE.

Diese unbeschwerte Herangehensweise lässt uns die „sole à la meunière", das ikonische Gericht „Seezunge nach Art der Müllerin", auch mit einem anderen Fisch bereiten, wenn keine Seezunge zur Hand ist. Steinbeißer, Heilbutt, Scholle – fast jeder weiße Fisch schmeckt à la meunière, also in Mehl gewälzt, eben nach Art der Müllerin, dieser meunière, die qua Berufsstand immer Mehl zur Hand hat.
Schiefgehen kann ohnehin fast nichts, wenn man am Wichtigsten nicht spart: „With enough butter, anything is good", predigte Julia Child, die große Dame, die das Leben nahm, wie's eben kam, und die die Menschen liebte. Die Nationalikone, deren Studio-Küche im National Museum of American History in Washington ausgestellt ist, starb zwei Tage vor ihrem 92. Geburtstag. Vor ihrem Tod genoss sie eine Schale Zwiebelsuppe, „soupe a l'oignon".
Übrigens auch einer jener französischen Klassiker, die einen in den Himmel führen können, wenn man weiß, wie's geht. Child hat es gelernt und gab es weiter. Und sieht uns auf einem weichen Butterwölkchen thronend jetzt vielleicht beim Kochen zu.

FISCHFILET À LA MEUNIÈRE

(FÜR 4 PERSONEN)
½ Bund Petersilie
4 Fischfilets – wie Seezunge, Steinbeißer, Heilbutt, Scholle, eigentlich geht jeder weiße Fisch
grobes Meersalz
weißer Pfeffer, gemahlen
4 EL Mehl
150 g Butter (oder mehr …)
1 Zitrone

1. Petersilienblätter von den Stielen zupfen, Blätter fein hacken.
2. Fischfilets vorsichtig trocken tupfen, von beiden Seiten salzen, pfeffern und (durch ein Sieb) mit Mehl bestäuben.
3. Zwei Drittel der Butter in einer großen Pfanne erhitzen, nicht zu stark. Die Filets hineinlegen und kurz anheben, sodass die Butter darunterlaufen kann. Fischfilets anbraten, dann Temperatur leicht herunterschalten. Julia Child nimmt geklärte Butter, das muss nicht sein, denn wir bewegen die Butter permanent (sodass sie nicht verbrennt), indem wir mit einem Esslöffel ständig etwas von der heißen Butter über die Filets gießen. Nach 2 bis 3 Minuten, je nach Dicke, die Filets vorsichtig mithilfe zweier Löffel wenden, die eine Seite soll jetzt zart gold gebräunt sein.
4. Die gewendeten Filets weiterbraten, weiter mit Butter übergießen. Dann kommt die gehackte Petersilie über die Filets, wieder schöpft man Butter darüber. Zum Schluss gibt man das letzte Butterdrittel in die Pfanne, dazu den Saft einer Zitrone (oder einer halben, je nach Geschmack). Die Sauce kurz aufschäumen lassen, bei Bedarf noch etwas salzen und pfeffern, sofort servieren. Dazu passen junge Kartöffelchen.

STEAK MIT _CHIMICHURRI

JETZT WIRD ANGEGRILLT! Und zum Steak gibt es Chimichurri, die Lieblingsgrillsauce der Argentinier. Chimichurri passt allein wegen seiner grünen Farbe ganz wunderbar zum blutroten Innenleben eines perfekt gegrillten Steaks. Vor allem aber auch geschmacklich bietet Chimichurri den perfekten Konterpart zum rauchig-fleischigen Genuss: petersilienfrisch, säuerlich, knoblauchkräftig, durchsetzt mit feinen, scharfen Chiliblitzen. Und dazu Thymian oder Oregano, getrocknet oder frisch, schwarzer Pfeffer, Meersalz – und Olivenöl. Chimichurri kommt überall in Argentinien beim Asado, beim Grillen, auf den Tisch, in Variationen selbstverständlich, denn jedes Restaurant, jede Familie schwört auf ihr eigenes Rezept.

ICH HABE EINMAL DAS GROSSE GLÜCK GEHABT, MICH WÄHREND EINER RINDFLEISCHREPORTAGE ZEHN TAGE LANG DURCH ARGENTINIENS FLEISCH-KATHEDRALEN ESSEN ZU DÜRFEN. ES GAB STEAKS, STEAKS UND NOCH MEHR STEAKS IN DEN PARILLAS, WIE DIE STEAKHÄUSER IN ARGENTINIEN HEISSEN.

Steaks, perfekt gegrillt, außen kross und innen saftig, zart, fast schmelzend, mit dem herrlichen buttrigen Geschmack des Weiderindes. Und immer gab es dazu Chimichurri, egal wo: beim Lagerfeuer in der Pampa, diesem wogenden, endlosen Grasland, größer als Deutschland, die Schweiz und Österreich zusammen. Mit den Gauchos, die sich auch heute noch um die Abertausenden von frei weidenden Rindern kümmern. Chimichurri gab es

auch beim Kiosk-Cafeteria-Grilleck im Mercado de Liniers, dem riesigen, zwanzig Hektar großen Rindermarkt mitten in Buenos Aires, der Millionenstadt. Wo die Viehtreiber übers Gelände reiten und dann für ein spätes Frühstück vom Pferd steigen und sich im Freiluftkiosk mit Steak und eben jener grünen Sauce stärken. Auch beim Familien-Asado gab es Chimichurri, ebenso in der besten Parilla der Stadt. Der Wirt hat mir das Rezept für sein Chimichurri gegeben.
Chimichurri passt übrigens nicht nur zu Steak, sondern auch zu Fisch. Und macht sich wunderbar zu Grillgemüse wie Zwiebeln, Zucchini oder Paprika. Es schmeckt als sattgrüne Marinade von Kartoffelsalat oder als kleine Tropfen über geviertelten Tomaten, Avocadowürfeln und dünn geschnittenen roten Zwiebelringen.
Ich mag Chimichurri so gerne, dass ich es schon mit dem warmen Brot auftunke, bevor das Essen überhaupt losgeht. Chimichurri schlägt für mich beim Grillen jede Ketchup- oder Mayosauce, jeden Asia-Dip und jede Kräuterbutter. Denn Chimichurri komplettiert mit seiner grünen Frische subtil und elegant den schweren Duft aus Rauch und Röstaromen, der akustisch vom Knacken heißer Kohlen und dem Fleischsaftzischen auf der Glut verstärkt wird. Chimichurri ziert das Steak, wenn es dann so majestätisch auf dem Teller liegt, mit Grazie und mit Chlorophyll. Mit „encanto", dem Zauber, grün und frisch.

STEAK MIT _CHIMICHURRI

(FÜR 2 PERSONEN)

CHIMICHURRI:
4–6 Zweige Petersilie
2 Knoblauchzehen
½ TL Oregano, getrocknet oder frisch
½ TL Thymian, getrocknet oder frisch
1 kleine Chilischote (scharf)
100 ml Olivenöl
2 EL Rotweinessig
grobes Meersalz
schwarzer Pfeffer, grob gemahlen

STEAKS:
2 Rindersteaks, z. B. aus der Hüfte, ca. 3 cm dick, à ca. 250 g
Butterschmalz oder Rapsöl oder Erdnussöl
grobes Meersalz, schwarzer Pfeffer, beide grob gemahlen

1. **Für das Chimichurri:** Die Petersilienblätter von den Stielen zupfen, fein hacken. Knoblauch fein würfeln, mit dem Messer und einer Prise Salz zur Paste zerdrücken. Petersilie mit Knoblauchpaste, Oregano, Thymian und der entkernten, fein gehackten Chili in einem Mörser mit Öl, Essig, Salz und Pfeffer nur leicht mörsern. Wer keinen Mörser hat, hackt Petersilie und Chili einfach etwas intensiver.
2. **Für die Steaks:** Die Steaks werden klassisch auf dem Grill (sehr heiß!) je nach gewünschtem Gargrad zubereitet. Dieser wird durch den Handballentest geprüft (siehe Punkt 4). Steaks mit einer Grillzange wenden, nicht mit einer Gabel, damit kein Fleischsaft austritt.

WER DIE STEAKS IN DER PFANNE BRATEN WILL:

3. Steaks etwa 30 Minuten vor dem Braten aus dem Kühlschrank nehmen. Eine gusseiserne Pfanne sehr heiß werden lassen. Am besten den Tröpfchentest machen: Spritzt man ein paar Wassertropfen in die Pfanne, soll sie so heiß sein, dass die Tropfen wie kleine Kugeln in der Pfanne umherflitzen. Butterschmalz oder Öl in die Pfanne geben, heiß werden lassen. Steaks in die Pfanne legen. Es kann gut sein, dass es dabei etwas raucht, aber wir brauchen diese Hitze, damit das Fleisch eine schöne Bräunung entwickelt. Etwa 3 Minuten braten, dann die Steaks mit einer Grillzange wenden. Auf mittlerer Temperatur etwa 2 bis 2 ½ weitere Minuten fertig braten.
4. Leicht mit dem Daumen mittig auf das Steak drücken. Zum Vergleich: Legen Sie Daumen und Mittelfinger aneinander, und drücken Sie mit dem Daumen der anderen Hand auf den Muskel des Handballens. So weich und nachgiebig, aber mit einer gewissen Spannung sollte sich das Steak in der Pfanne anfühlen, wenn Sie es medium möchten. Für rare legen Sie Daumen und Zeigefinger aneinander, nun ist der Muskel lockerer. Für done nehmen Sie Daumen und kleinen Finger, der Muskel ist etwas angespannter.
5. Jetzt das Steak aus der Pfanne nehmen, auf einen vorgewärmten Teller legen, mit etwas Alufolie locker bedecken. Je nach Dicke des Fleisches etwa 5 bis 8 Minuten ruhen lassen.
6. Steaks gegen die Faser aufschneiden, mit Meersalz und Pfeffer würzen, das Chimichurri dazu reichen.

DER SOMMER IST DA! DIE SONNE LACHT VOM HIMMEL, SEE UND FREIBAD LOCKEN. UND AUF DEM RASEN SCHMECKEN SUMMER ROLLS, SO HERRLICH BUNT, WIE DIESE JAHRESZEIT!

SOMMER

SPAGHETTI — AL LIMONE

DAS LONDONER „RIVER CAFÉ“ ist für Regisseur Wes Anderson das „beste Restaurant des Planeten“, die Schauspielerin Thandie Newton sagt über das ikonische Restaurant, „the River Café is edible love“, es sei „essbare Liebe“. Jamie Oliver hat sich in der Küche des „River Cafés“ seine Sporen verdient, Models, Politiker, Literaten und Rockstars aßen und essen die leichte, frische, klare italienische Küche im großen Garten des River Café an der Themse. Oder drinnen, in den lichten Räumen des Warehouse-Komplexes, ausgestaltet vom Stararchitekten Richard Rogers. Rogers Frau, Ruth Rogers, heute Mitte 70, und ihre Freundin, Rose Gray, haben das Kultrestaurant vor mehr als 35 Jahren gegründet, eigentlich als Kantine für die Mitarbeiter des Architekturbüros von Richard Rogers. Seit Rose 2010 gestorben ist, führt Ruthie, wie alle Mitarbeiter Ruth Rogers nennen, das „River Café“ alleine weiter. Beide Frauen waren keine Köchinnen, Rose hatte Kunst, Ruth Design studiert, aber beide waren der italienischen Küche aufs Innigste zugetan.

RUTHIE, DIE AMERIKANERIN, DIE IN DEN 1960ERN IN WOODSTOCK AUFWUCHS UND EIN DATE MIT BOB DYLAN AUSGESCHLAGEN HATTE, VERLIEBTE SICH WÄHREND IHRES STUDIUMS IN LONDON IN DEN ARCHITEKTEN RICHARD ROGERS UND HEIRATETE IHN.

Als Richard in Frankreich das Centre Pompidou baut, zieht die junge Familie nach Paris. Dort entdeckt sich Ruthie die Welt des Essens für sich, taucht ein in den Zauber der Farben, Geschmäcker und Aromen. Und noch mehr tut sie das in Italien, wohin die Familie ständig reist, denn Richards Eltern leben im Land, wo die Zitronen blühen. Richards Mutter Dada ist Italienerin, sie ist eine begnadete Köchin und bringt Ruth alles bei, was sie kann.

Ruth ist von der italienischen Küche vollkommen hingerissen. Von ihrer Klarheit, ihrer Struktur, ihrer „purezza". „Ich erinnere mich, dass ich eine Bruschetta gegessen habe, auf der nichts anderes war als Olivenöl. Es war für mich wie eine Erleuchtung!", sagt Ruth Rogers, die für ihre Verdienste um die britische Gastronomie geadelt worden ist. „Mir gefiel, dass man in der italienischen Küche jede Einzelheit herausschmeckt, dass das Aroma jeder Zutat für sich steht", sagt sie. In der Freude am klaren Gefüge ähneln sich Ruth, die Köchin, und ihr Mann Richard, der Architekt, der einmal gesagt hat: „Ich will, dass meine Gebäude in ihrer Struktur lesbar sind: Man kann beim Betrachten die Bauweise erkennen." Genauso wie dies bei den unglaublich einfachen und klar konstruierten Spaghetti al Limone der Fall ist, einem der Kultrezepte aus dem „River Café": eine minimale Zutatenliste, ein Maximum an Geschmack. Sommerlich, licht, heiter – und so zeitlos, einfach und voller Stil. Genau wie das „River Café", das Michelin-Restaurant mit Papiertischdecken und der Köchin, die eine Lady ist und schon Bob Dylan einen Korb gegeben hat.

SPAGHETTI — AL LIMONE

(FÜR 4 PERSONEN)
350 g Spaghetti
2 Bio-Zitronen (oder 3, wenn Sie es gerne besonders säuerlich mögen)
150 g Parmesan
150 ml hochwertiges Olivenöl
2 Handvoll Basilikumblätter
schwarzer Pfeffer aus der Mühle
Salz

1. Spaghetti in reichlich Salzwasser nach Packungsanweisung al dente kochen.
2. In der Zwischenzeit von den Zitronen vorsichtig die Schale abreiben, bitte nur das Gelbe **(das Weiße der Schale ist bitter).**
3. Den Parmesan fein reiben.
4. Die Zitronen auspressen. Den Zitronensaft mit dem Olivenöl und dem geriebenen Parmesan kräftig verquirlen, salzen, pfeffern.
5. Basilikum mit einem scharfen Messer in breite Streifen schneiden, nicht quetschen, sodass möglichst wenig vom ätherischen Öl austritt.
6. Spaghetti abgießen, ein wenig vom Kochwasser auffangen, Spaghetti zurück in den Topf geben, mit der Zitronen-Öl-Sauce vermischen, bis die Pasta damit bedeckt ist. Bei Bedarf etwas vom heißen Kochwasser zugeben.
7. Das Basilikum und die abgeriebene Zitronenschale unterrühren, salzen, pfeffern. Nach Belieben mit Basilikumblättern, abgeriebener Zitronenschale und Parmesan garnieren. Sofort servieren.

LABSKAUS

EIN KARTOFFELBREI IN ROSAROT, mit Pökelfleisch und sauren Gurken und Roten Beten, die dem Stampf die schöne Farbe geben: Das ist Labskaus, serviert mit Spiegelei und Rollmops. Einst war dieser Kartoffelbrei mit Fleisch und haltbarem Gemüse eine Seemannsspeise auf den Segelschiffen. Wo der Name herkommt, weiß keiner wirklich, es gibt im Englischen den „Lob's Course", zerkochte Kartoffeln mit Fleisch, „eines derben Mannes Speise". Aber auch im Walisischen, da ist der „Lobscaws" ein Lamm-Stew mit Kartoffeln, in Norwegen gibt es „Lapskaus", Kartoffelbrei mit Rentier- oder Walfleischvarianten, im Lettischen den „Labs Kausis", die „gute Schüssel" mit Kartoffeln, Pökelfleisch und Graupen.

Auf jeden Fall war das Gericht hervorragend geeignet für die langen, harten Reisen auf den Meeren: Wurzelgemüse wie Rote Bete und Kartoffeln konnten gut gelagert werden, die Salzgurken waren eingelegt, das Fleisch durchs Pökeln haltbar gemacht. Und Eier gab es auf den Schiffen immer, denn man hatte Hühner an Bord, die bei hartem Seegang wohl recht aufgeregt im Schiffsbauch flatterten. Bei Landgängen holten die Matrosen gerne auch mal ein paar Möweneier aus den Nestern für das Spiegelei. Und auch für die Breiform des Gerichtes gibt es eine Erklärung: Die meisten skorbutgeplagten Seebären sollen kaum noch Zähne gehabt haben, weswegen eine Speise, an der man nicht lange kauen, nagen und beißen musste, ihnen entgegenkam.

Warum zum Fleisch-Kartoffel-Brei auch noch ein Rollmops kommt, ist ungeklärt. Der „Old Commercial Room", das 1795 von einem englischen Reeder gegründete Hamburger Traditionsrestaurant gegenüber vom Michel, das sich der reinen Labskauslehre verpflichtet sieht, verzichtet auf den Hering. Denn die Matrosen seien des Fisches überdrüssig gewesen.
Fest steht jedoch, dass der sauer-feiste Rollmops zum kräftigen Püree ganz herrlich passt, vor allem, wenn sich die Geschmäcker – salzig, sauer, süßlich – dann noch mit dem fast flüssigen Eidotter so cremig verbinden. Dazu die knackigen Gürkchen, die scharfen Zwiebelringe und die erdigen, süß-weichen Scheiben Rote Bete, die den Teller so fröhlich bunt und abwechslungsreich machen, vielleicht noch ein paar abgebratene Kartoffelstückchen drauf. Ein anonymer Verfasser weiß: Dieses Gericht ist ein Gedicht!

**„WAS WÄRE AM ENDE, LIEBER GOTT
DIE GANZE SEEFAHRT WERT
STÄND' NICHT ZUWEILEN SO EIN POTT
MIT LABSKAUS AUF DEM HERD."**

LABSKAUS

(FÜR 4 PERSONEN)
750 g mehligkochende Kartoffeln
600 g Rote Beten (vorgegart und vakuumiert)
400 g Essiggurken
100 – 150 ml vom Essiggurkensud
2 Dosen Corned Beef (à 200 g)
2 EL Butter
1 rote Zwiebel
4 Eier
4 Rollmöpse
Salz, Pfeffer

1. Kartoffeln schälen, vierteln und in kochendem Salzwasser 20 bis 25 Minuten kochen, bis sie weich sind.
2. In der Zwischenzeit die Hälfte der Rote Beten **(in grobe Würfel geschnitten)** mit der Hälfte der Essiggurken, ihrem Sud und dem Corned Beef fein pürieren.
3. Die abgegossenen Kartoffeln, bis auf drei oder vier Viertel, durch eine Kartoffelpresse drücken oder mit dem Kartoffelstampfer zermusen, mit dem Rote-Bete-Püree vermengen und mit ½ EL Butter in einer Pfanne sanft erwärmen, mit Salz und Pfeffer abschmecken.
4. Für die Garnitur Zwiebeln schälen und in Ringe schneiden, restliche Rote Beten und Essiggurken in Scheiben schneiden. Die zurückbehaltenen Kartoffelviertel in kleine Stücke schneiden und in ½ EL Butter abbraten, salzen.
5. Spiegeleier mit der restlichen Butter kurz braten, sodass das Dotter noch leicht flüssig ist, salzen, pfeffern. Labskaus mit Spiegelei, Rollmops und Garnitur anrichten.

KALTE ROTE-BETE-SUPPE

Am 21. Juni ist der längste Tag des Jahres! Astronomisch beginnt nun der Sommer, die Nacht zum 22. Juni ist die kürzeste im ganzen Jahr, ab dann werden in winzigen Schritten die Nächte wieder länger, bis es dann Herbst wird, bis der kalte Winter einzieht und in sechs Monaten der dunkelste Tag des Jahres sein wird.
Grund, diese Mittsommernacht zu feiern! Ich war einmal über Mittsommer während dieser Weißen Nächte in Vilnius, in Litauen, und kann mich noch wie heute daran erinnern: Spät erst zog eine weiche Dämmerung auf, dann senkte sich langsam eine diffuse Dunkelheit, die tief und fern aus sich heraus silbern leuchtete, über die Stadt, deren Wirklichkeit sich im Indigoblau dieser rätselhaften Nacht aufzulösen schien.

DOCH MIT DEM SONNENAUFGANG UM DREI UHR MORGENS ENTSTIEGEN DIE GIEBEL UND KIRCHTÜRME VON VILNIUS DIESEM BLAUEN SCHWEBEN UND NAHMEN WIEDER KLARHEIT AN, FORM UND STRUKTUR. UND BALD DARAUF LEUCHTETE DIE SONNE DIE SZENERIE WIEDER GLEISSEND AUS UND WARF EINEN HITZESCHLEIER ÜBER DIE STADT.

In Litauen habe ich in diesem heißen Sommer auch unglaublich gerne die kalte Rote-Bete-Suppe Šaltibarščiai (was man Schaltibarschtschai ausspricht) gegessen – sie passt wie kein anderes Gericht zur Sommerhitze und schmeckt am allerbesten, wenn sie eine ganze Nacht im Kühlschrank durchziehen kann, bevor man sie mit Salzkartoffeln oder geröstetem Roggenbrot isst: Eiskalt soll sie sein, säuerlich durch Buttermilch, etwas Zitrone und Schmand, darin kühlende Gurkenwürfel, Frühlingszwiebel, erdig-süße Rote Bete, gewürfeltes Ei und natürlich Dill, ohne den in der osteuropäischen Küche nichts geht.
Und die Farbe! Dieses Pink, das ins Violette spielt und fast so irisierend und unwirklich ist wie ein litauischer Mittsommernachtstraum.

KALTE ROTE-BETE-SUPPE

(FÜR 4 PERSONEN)
½ l Buttermilch
200 g Schmand
Saft von 1 Zitrone
2 EL Sonnenblumenöl
4 Rote Beten (ca. 500 g), gekocht und geschält (oder vorgegart und vakuumiert)
4–6 Minigurken
4 hart gekochte Eier, geschält
2–3 Frühlingszwiebeln
½–1 Bund Schnittlauch
½–1 Bund Dill
Salz und Zucker zum Abschmecken

1. Buttermilch, Schmand, Zitronensaft und Öl in einer großen Schüssel miteinander verquirlen.
2. Rote Beten, Minigurken und 2 der 4 hart gekochten Eier würfeln (etwa 0,5 cm), die beiden anderen Eier ganz lassen **(wir brauchen sie halbiert für die Garnitur).**
3. Frühlingszwiebeln in Ringe schneiden, von Schnittlauch und Dill etwas für die Garnitur zur Seite legen, dann den Schnittlauch in Röllchen schneiden und die Dillfähnchen, von den Stielen gezupft, fein hacken.
4. Gewürfelte Beten, Eier, Gurken und Kräuter zum Buttermilchschmand geben, vermengen, mit Salz und Zucker abschmecken.
5. Mehrere Stunden, am besten über Nacht, durchkühlen lassen. Eventuell nachwürzen. Zum Servieren in Suppenschalen füllen, mit je einem halben gekochten Ei und ein paar Kräutern dekoriert servieren.

ARANCINI

ACH, SIZILIEN! Als ich das erste Mal in Palermo war, war ich wie im Rausch: der blaue Himmel, die ebenso morbide wie überbordende, trunkene Schönheit der Stadt, das Sprudeln der Brunnen, das Knattern der Mofas, das Zischen der Kaffeemaschinen. Die Majestät der Kathedrale und die verwinkelte Altstadt mit ihren Sandsteinfassaden, mit ihren Verschnörkelungen, dem Verspielten, dem Zierrat, den Säulen und dem beständigen Spiel von Licht und Schatten, dieses Reizen, Überfluten der Sinne mit Schönheit und Leuchten. „Hier nämlich", schreibt der deutsche Schriftsteller Hanns-Josef Ortheil im Buch „Die Insel der Dolci", seiner Liebeserklärung an Sizilien, „hier nämlich ist alles Farbe, Glanz, ein einzigartiges, triumphales Barock."

Dann, beim Abbiegen von der Porta Carini, beginnt, mitten in der Stadt, inmitten der engen Straßen, ein weiteres Fest der Sinne: der Mercato del Capo, der Bauernmarkt von Palermo. Unter schmalen, schmiedeeisernen Balkonen, von denen rosa und lila Bougainvillea-Kaskaden herabschwappen, sind rote Markisen aufgespannt, ein Marktstand reiht sich an den anderen und bietet die Schätze der Insel feil: lila glänzende Auberginen, pralle rote Tomaten, leuchtend gelbe Zitronen. Und Orangen, manche zu Hälften aufgeschnitten und ihren Sonnenduft verströmend! Mir fiel auf, dass viele der Marktbesucher kleine Kugeln in der Hand hielten, von denen sie genüsslich abbissen. Und schon kam ich an einigen Ständen vorbei, die sie verkauften: „Arancini" stand auf den Schildern, „kleine Orangen". Kleine Orangen?

ICH KAUFTE EINES DER BÄLLCHEN, NOCH WARM, KNUSPRIG FRITTIERT, BISS HINEIN, ERST DIE KRUSTE, DANN EINE ART WEICHES SAFRANRISOTTO – UND DANN DIESE FÜLLUNG AUS HACK, TOMATEN UND ERBSEN, EIN RAGÙ. HERRLICH!

Ich aß noch eines, diesmal anders gefüllt: cremig, rauchig, würzig – mit schmelzendem Scamorza-Käse! Absolut wundervoll! Zwei weitere Arancini ließ ich mir einpacken. Diese Arancini – die so heißen, weil sie so kugelrund wie Orangen sind und durch den Safran fast deren Farbe haben – waren eine Offenbarung. Eine köstliche Kleinigkeit, die mir wie eine Essenz aus den Aromen der Insel schien.
Die man auch hier, im kühleren, nüchterneren Deutschland, nachkochen kann, und zwar ganz leicht, mit der rauchigen Scamorza-Füllung. Und wer den Arancini noch etwas Orangen-Aioli zugesellt, hat fast den Duft Siziliens eingefangen, dieser für mich schönsten Insel der Welt.

ARANCINI

(FÜR 12 ARANCINI)
1 großzügige Prise Safran (ein 0,2 g-Döschen oder -Päckchen)
300 g Risotto-Reis (Carnaroli, Vialone nano oder Arborio)
120 g Parmesan oder Pecorino, gerieben
200 g Scamorza affumicata, italienischer Räucherkäse
150 g Mehl
2 Eier
150 g Semmelbrösel
½ l Pflanzenöl zum Frittieren

ORANGEN-AIOLI:
½ Bio-Orange
½ Knoblauchzehe
300 g Mayonnaise aus dem Glas (wer sie selbst machen will: 2 frische Eigelbe, ½ EL Essig, ½ TL Dijon-Senf, ¼ l Pflanzenöl, Salz)

1. Safranfäden zwischen den Fingerspitzen zerreiben, in 1 EL heißem Wasser einweichen.
2. Einen großen Topf mit Wasser zum Kochen bringen. Den Reis (unbedingt ungewaschenen, sonst verliert er seine Stärke und Klebeeigenschaft) darin bissfest garen, durch ein Sieb abgießen und gut abtropfen lassen.
3. Den gekochten Reis in einer Schüssel mit dem geriebenen Parmesan (oder Pecorino) und dem Safran gut vermengen, eventuell salzen, flach auf ein Blech streichen, damit er schneller abkühlt.
4. Scamorza in 12 gleich große Würfel schneiden, etwa 1/12 der Reismischung in der hohlen Hand zu einer Halbkugel formen, mit Scamorza füllen, die Reishülle zur Kugel verschließen und zu einem Bällchen rollen. Weitere Arancini formen.
5. Eine „Panadenstraße" aus einer Schale mit dem Mehl, das man noch salzen sollte, einer Schale mit den verquirlten Eiern, auch leicht gesalzen, sowie einer Schale mit den Semmelbröseln herrichten. Dann die Bällchen jeweils erst in Mehl, dann in Ei, dann in Semmelbröseln wälzen.
6. ½ l Pflanzenöl in einem kleinen Topf auf 170 °C erhitzen (am Holzstiel eines Kochlöffels bilden sich bei dieser Temperatur kleine Bläschen) und die Bällchen in Zweier- oder Dreiergruppen frittieren, aufpassen, dass sich das Öl nicht zu stark erhitzt, die Bällchen sollen langsam frittiert werden, sodass der Scamorza Zeit hat zu schmelzen. Arancini auf Küchenpapier entfetten.
7. **Für die Orangen-Aioli** (Wer die Mayonnaise selbst machen will: Eigelb, Essig und Senf in einer Schüssel mit einem Schneebesen gut verrühren, salzen. Dann das Öl in einem sehr, sehr dünnen Strahl zugeben, die Masse schlagen, bis das Öl aufgebraucht und eine stabile Mayonnaise entstanden ist, salzen. **Achtung: Selbst gemachte Mayonnaise hält wegen des rohen Eigelbs nur einen Tag!).**
8. Von der gewaschenen Orange feine Zesten (ohne das Weiße der Schale) abreiben, Orange auspressen, Knoblauch sehr fein raspeln oder hacken. 2 bis 3 EL Orangensaft, den Knoblauch und die Zesten mit der Mayonnaise (aus dem Glas oder selbst gemacht) mischen, eventuell etwas nachsalzen. Zu den Arancini servieren.

FRÄNKISCHE _SAURE ZIPFEL

ICH WAR EINMAL im Hochsommer bei einem Seminar in Franken. Und ich erinnere mich an die unerträgliche Hitze, unter der die alten Giebel, die dicken Balken und das Kopfsteinpflaster des mittelalterlichen Städtchens ächzten. Es war unglaublich schwül. Die Luft war wie Gallert, man hatte das Gefühl, dass man sich gegen einen Widerstand bewegte – wenn man das überhaupt tat. Am Nachmittag stand ich auf dem ausgestorbenen Marktplatz, ein schlappes Wasserrinnsal kam aus einem Zierbrunnen, der von matten Geranien umkränzt war. Es roch nach fränkischer Bratwurst, die heiß, würzig und fettglänzend von einer Wurstverkäuferin in weißer Kittelschürze in Zeitlupe auf dem Rost gewendet wurde. Der Himmel ballte sich unbarmherzig bleigrau über dem Platz. Ich flüchtete mich in einen Supermarkt, suchte die offenen Gefriertruhen und blieb in ihrem Kühlhauch stehen, nur so war es erträglich. Irgendwann hörte ich einen Donnerschlag draußen, und ein sintflutartiger Regen setzte ein, den ich gemeinsam mit der Kassiererin begeistert wie ein Schauspiel durch die Scheiben betrachtete. Nach 20 Minuten war es vorbei, ich ging auf die Straße, die Stadt war frisch und springlebendig wie nach einer kalten Dusche.

ICH FAND EINEN BIERGARTEN AN EINEM BACH, IN DEM SICH EIN MÜHLRAD DREHTE, DIE KELLNERIN WISCHTE GERADE DIE BIERBÄNKE TROCKEN, ALLES PULSIERTE VOR FEUCHTIGKEIT UND ERQUICKUNG. VON DEN KASTANIENBLÄTTERN FIELEN NOCH TRÄGE EIN PAAR LETZTE SCHWERE TROPFEN HERAB AUF DEN NASSEN KIES, DER SATT KNIRSCHTE.

Ich bestellte mir Saure Zipfel, Bratwürste in Essigsud. Die Kellnerin servierte erst fränkisches Bier, dann Holzofenbrot mit viel Kümmel. Von der knusprigen Kruste brach ich mir schon etwas ab, während ich dem Gluckern und Rauschen des Mühlenbaches lauschte. Und dann kamen die Sauren Zipfel in diesem lauwarmen, süßsauren Sud aus Essig und Wein, in den ich sofort mein Brot tunkte. Seine Würze von Nelken, Lorbeer und Wacholder! Die Süße der Karotten und der roten Zwiebeln, die dem Sud ein bläuliches Schimmern verliehen. Und dann erst die Würste, nicht krachledern, resch und vom Rost. Sondern gesotten und von blasser Noblesse. Und so herrlich und so erfrischend wie ein Platzregen an einem viel zu heißen Julitag.

FRÄNKISCHE SAURE ZIPFEL

(FÜR 4 PERSONEN)
3 – 4 rote Zwiebeln
2 Möhren
8 Pfefferkörner
10 Wacholderbeeren
5 Nelken
1 EL Senfsaat
3 Lorbeerblätter

½ l Wasser
¼ l Weißweinessig
100 ml Weißwein
1 – 2 EL Zucker, nach Geschmack
Salz
16 – 20 Nürnberger Rostbratwürstchen
½ Bund glatte Petersilie

1. Die Zwiebeln schälen und in feine Ringe schneiden, Möhren schälen, der Länge nach vierteln und in Scheiben schneiden. Pfefferkörner und Wacholderbeeren mit einem flachen Messer andrücken. Alle Gewürze mit Wasser, Essig und Wein in einen großen Topf geben und aufkochen lassen **(oder Gewürze vorher in ein Gewürzsäckchen geben).** Dann die Zwiebelringe und die Möhren zugeben und alles etwa 15 Minuten zugedeckt bei mittlerer Hitze köcheln lassen.
2. Den Sud mit Salz, Zucker und gegebenenfalls noch etwas Essig süßsauer abschmecken.
3. Hitze auf kleinste Stufe herunterschalten, dann die Würste etwa 10 Minuten im Sud ziehen lassen. In der Zwischenzeit Petersilie hacken, in den letzten Minuten zum Sud geben.
4. Die Sauren Zipfel im Sud und mit frischem Holzofenbrot servieren.

CAESAR _SALAD

DEN BESTEN CAESAR SALAD – und wahrscheinlich ersten richtigen Caesar Salad – meines Lebens habe ich in Mexiko gegessen. Ich reiste damals mit einer Freundin durch Belize und Mexiko. Wir lernten auf einer dieser langen Busfahrten einen Wiener kennen, der von Beruf Kellner in einem österreichischen Sternelokal war und uns mit Geschichten aus der Spitzengastronomie unterhielt. Bevor er in einen anderen Bus nach Guatemala umstieg, gab er uns noch den Tipp für ein Restaurant, in dem wir unbedingt einen Caesar Salad essen sollten, wenn wir in Mexico City wären. Als wir zwei Wochen später in Mexico City waren, von wo unser Rückflug frühmorgens nach Deutschland gehen sollte, fiel uns der Restaurant-Tipp wieder ein und wir nannten einem Taxifahrer die Adresse. Er fuhr uns zum Zócalo, dem riesigen Hauptplatz der Stadt, und hielt vor einem prächtigen alten Grandhotel. Wir traten ein, das Hotel war wunderschön, plüschig, aus der Zeit gefallen, die Lobby war von einem gläsernen Jugendstildach überspannt, ein Lift hielt mit einem Glockenklang, der livrierte Page bat zum Einstieg. Wir fuhren ins oberste Stockwerk. Dort angekommen, verschlug es uns die Sprache: Der Gastraum führte auf die riesige Dachterrasse, von der aus wir über den Zócalo, über den Präsidentenpalast und die Kathedrale hinweg auf die riesige Stadt blickten, über die sich gerade der Abend senkte. Wir bestellten gespannt je einen Caesar Salad. Der dann kam: Ein Kellner schob gemessen einen Servierwagen an unseren Tisch. Nacheinander hob er wie ein Zeremonienmeister silberne Hauben von kleinen Schüsselchen und begann, mit einem winzigen Löffel deren Inhalt in eine größere Schale zu geben: ein wenig Senf, ein paar Sardellenfilets. Er brach geschickt mit zwei Löffeln ein Ei auf, trennte es mit fast artistischer Eleganz, gab das Eigelb in die große Schale zu den anderen Zutaten und verquirlte alles gemeinsam mit reichlich Öl, das er aus einer Karaffe in feinem Strahl in die Schüssel goss, zu einer Emulsion. Es war ein Schauspiel! Mit einer silbernen Zange

wendete er dann ein paar Blätter Römersalat, die auf Eis geruht hatten, in dem duftenden Dressing, gab sie auf zwei Teller und besprenkelte den Salat mit Parmesan und ein paar Croutons. Es war grandios – der Anblick, der Geschmack, die Szenerie im Abendlicht über den Dächern von Mexico-City.
Dass der original Caesar Salad nicht hier, sondern in Tijuana erfunden worden war, wusste ich damals nicht. Und zwar nicht von einem Mexikaner, sondern vom Italoamerikaner Cesare Cardini (der in der Grenzstadt Tijuana die amerikanische Prohibition umging und in seinem mexikanischen „Caesar's Palace" seine trinkfreudige US-Klientel empfing, wie auch am 4. Juli 1924, dem amerikanischen Nationalfeiertag und Geburtstag des Caesar Salad). Cardini reimportierte seinen Salat nach den Prohibitionsjahren wieder nach Kalifornien und ließ ihn dort patentieren, der ikonische Salat wurde 1953 in Paris als „das beste US-amerikanische Rezept der vergangenen fünfzig Jahre" ausgezeichnet.

ICH WERDE MIT EINEM CAESAR SALAD JEDOCH FÜR IMMER DIESEN MAGISCHEN ABEND IN MEXIKO-CITY VERBINDEN, AUF DIESER GRANDHOTEL-DACHTERRASSE ÜBER DEM ZÓCALO, UNTER UNS DAS FERNE BRAUSEN DER STADT.

CAESAR SALAD

(FÜR 4 PERSONEN)
2 Römersalate
2 Knoblauchzehen
4 Sardellenfilets
1 TL Dijon-Senf
2 Eigelb
100 ml Öl, entweder Sonnenblumenöl oder das kräftigere Olivenöl, ganz nach Geschmack
Saft von 1 Zitrone
1 EL (Weißwein-)Essig
Zucker, Salz, schwarzer Pfeffer aus der Mühle
eventuell ein paar Tropfen Worcestersauce
50 g Parmesan

CROUTONS:
ca. 200 g Baguette oder anderes Weißbrot
1–2 EL Butter

1. Römersalat waschen und die Blätter trocken schleudern. Quer in mundgerechte Streifen schneiden.
2. **Für die Croutons** Baguette oder Weißbrot würfeln und in schäumender Butter golden braten.
3. Knoblauch, Sardellen und Senf mit dem Stabmixer in einem hohen Becher pürieren, Eigelbe hinzugeben, weiterpürieren. **Dabei langsam und in einem sehr feinen Strahl das Olivenöl zugeben, aufemulgieren, bis ein cremiges Dressing entsteht.**
4. Die Zitrone auspressen und das Dressing mit dem Saft, dem Essig, ein wenig Zucker, Salz und Pfeffer abschmecken. Manche geben noch ein paar Tropfen Worcestersauce hinzu.
5. Salat mit dem Dressing gut vermengen, Parmesan darüberreiben und mit den Croutons bestreut servieren.

PAN — BAGNAT

EIN PAN BAGNAT ist eigentlich ein Salade Niçoise – Thunfisch, Ei, Tomaten und Olivenöl, doch ohne Kopfsalat, stattdessen mit aromatischem Basilikum –, zwischen zwei ausgehöhlte Brötchenhälften gepackt, sodass nichts herausfällt von den Köstlichkeiten. Ein Pan Bagnat ist ein Klassiker aus der Provence, eine kraftstrotzende Superstulle, die nichts zu tun hat mit dem gewohnten Thunfisch-Sandwich aus müdem Toastbrot mit nichtssagender Mayo-Fülle, das man meist aus dreieckigen Kunststoffschachteln holt.

NEIN, EIN PAN BAGNAT IST EINE PERSÖNLICHKEIT. EIN BRÖTCHEN, DAS „GEBADET" WURDE, WAS „BAGNAT" IM PROVENÇALISCHEN DIALEKT HEISST. GEBADET: IN OLIVENÖL, SOMMERTOMATEN. UND GESCHMACK!

In der Gegend um Nizza, woher auch der berühmte Salade Niçoise kommt, war das Pan Bagnat ein typisches Mittagessen, das sich Arbeiter schon frühmorgens in der Boulangerie kauften, gut eingewickelt, sodass nichts heraustropfte.

Dass die Füllung aus Thunfisch, Ei, Tomate, Zwiebeln und Radieschen das Brötchen bis zur Mittagspause ein wenig durchweichen ließ, war klarer Teil des Plans, denn so schmeckte das Brötchen doppelt gut. Und auch das Basilikum hatte so Zeit, das Pan Bagnat in seinem Sommerduft zu baden.
Auch heute schwören viele Pan-Bagnat-Begeisterte darauf, das Brötchen nach dem Füllen fest zusammenzudrücken, stramm in Frischhaltefolie einzuwickeln und am besten noch mit einem Backblech, auf dem ein Topf steht, zu beschweren. Manche lassen das so gepresste Pan Bagnat dann auch noch über Nacht im Kühlschrank ziehen, bevor sie es verzehren.
Ob nachts im Kühlschrank zusammengedrückt oder am Morgen erst belegt, dann stramm gewickelt und am Nachmittag verspeist – auf jeden Fall tut einem Pan Bagnat ein wenig Quetschen plus Ruhezeit im eigenen Saft sehr gut. Damit wird es zu einem köstlichen Picknick-Essen. Für einen späten, letzten, goldenen Sommertag.

PAN BAGNAT

(FÜR 2 BRÖTCHEN)
2 Brötchen, am besten Ciabatta
1 Knoblauchzehe
2–4 EL Olivenöl
ein paar Spritzer Zitronensaft oder etwas Rotweinessig

BELAG:
2 Eier
1 große, vollreife Tomate
4 Radieschen
1 rote Zwiebel
8–12 schwarze Oliven, entkernt
1 Dose Thunfisch in Olivenöl (ca. 120 g Abtropfgewicht)
6 Sardellenfilets (in Öl, abgetropft)
1 Handvoll frische Basilikumblätter

1. **Für den Belag** Eier in 8 Minuten hart kochen, abschrecken, schälen, in Scheiben schneiden.
2. Tomate und Radieschen in Scheiben, Zwiebel in dünne Ringe schneiden, Oliven halbieren.
3. Brötchen halbieren, die vier Hälften etwas aushöhlen, dann mit der geschälten und längs aufgeschnittenen Knoblauchzehe kräftig einreiben, dann mit reichlich Öl sowie ein paar Spritzern Zitronensaft **(oder Rotweinessig)** beträufeln.
4. Untere Brötchenhälften mit Tomate, Radieschen, Zwiebel, dem abgetropften Thunfisch, Ei, Oliven, Sardellen und Basilikum belegen, jeweils die obere Brötchenhälfte daraufsetzen.
5. Brötchen zusammendrücken, fest einwickeln, die beiden Pan Bagnats ein paar Stunden in den Aromen „baden" lassen.

VIETNAMESISCHE _ SUMMER ROLLS

SUMMER ROLLS! Rosa Garnelen, grüne Minze, orangefarbene Möhrchen – ein pastellenes Sommerarrangement, in durchscheinendes Reispapierblatt gehüllt wie in ein zartes Chiffonkleid. Für mich war es eine Offenbarung, als ich diese Röllchen zum ersten Mal in Kambodscha gegessen habe, später in Vietnam, wo sie eigentlich herkommen, dann später überall, wo ich sie mir selbst gerollt habe, diese Sommer-Rollen, Summer Rolls, die so verspielt und so leicht und so sommerlich anmuten, wie sie heißen, die an Sommer, an Frische, Klarheit und Helligkeit denken lassen, an frisch gemähten Rasen, an Picknicks im Park, an Sommernächte am See. Sie schmecken nach Freude und Überschwang und sind so leicht wie eine willkommene Brise.

Summer Rolls sind ein Erlebnisessen, ein schrittweises Wahrnehmen von Geschmäckern, ein Schlendern über den Jahrmarkt der Aromen und Texturen. Erst die cremige Erdnusssauce, in die man das noch verschlossene Röllchen tunkt, die Sauce kitzelt schon mit scharfem Ingwer den Gaumen und beschwichtigt ihn gleichzeitig mit Sesamöl. Jetzt der erste Bissen! Seidig-feuchtes Reispapier, dann die Reisnudeln, die ganz zart mit dem Fischsaucen-Dressing beträufelt sind, dahinter, die Ahnung von Limette und Chili. Nun Radieschen, dann eine glatte, kühle Garnele, die den Mund mit ihrem Krustentiergeschmack füllt. Jetzt der grün-frische, grasige, leicht seifige Koriandergeschmack. Dann Gurke, die mich im Sommer immer an einen grünen, eiskalten, tiefen Swimmingpool denken lässt. Oder an eine Karaffe mit Pimm's, den englischen Sommerdrink mit Beeren und Gurken. Nun beißt man auf ein paar Erdnusssplitter, sogleich auf weichsüße Mango. Und jetzt auf ein Minzblatt, das die Miniaturversion eines frischen Sommergewitters im Kopf entfaltet. Danach ist alles kühl und geklärt. Und schon geht es zum nächsten Bissen! Ein ganzes Disneyland in meiner Hand.

„DYNAMISCHE KONTRASTE" NENNT DIE LEBENSMITTELINDUSTRIE DIESE ABWECHSELNDEN SINNESEINDRÜCKE, DIESE PARADE OROSENSORISCHER SENSATIONEN. FÜR DEN PERFEKTEN WECHSEL ZWISCHEN KROSS UND WEICH, UM ZU ERREICHEN, DASS IM MUND RICHTIG ETWAS LOS IST, INVESTIERT DIE INDUSTRIE MILLIONEN. DIE LEBENSMITTELFORSCHUNG SUCHT BEHARRLICH NACH DEM, WAS SIE DEN „BLISSPOINT" NENNT. IST ER ERREICHT, ESSEN WIR MEHR VON IHREM PRODUKT – ODER ZU VIEL. UND DANN GIBT ES UNSCHÖNE SOMMERROLLEN.

Zu viel kann es bei unseren von Natur aus köstlichen Summer Rolls gar nicht sein, denn sie sind supergesund! Sie bestehen, von den paar Gramm Reisnudeln abgesehen, aus Rohkost und zwei, drei Garnelen (die man aber auch weglassen kann). Es ist die Frische, die Abwechslung, und vor allem sind es Dressing und Dipp, die dieses astreine Health-Food aus der Askese-Ecke direkt zum Bliss Point katapultieren und uns so mit Glückseligkeit fluten – und, ganz hintenrum, mit Vitaminen.

VIETNAMESISCHE
_ SUMMER ROLLS

(FÜR4 PERSONEN)
100 g Reisnudeln
4 Limetten
2 Knoblauchzehen
1 Stück Ingwer, etwa ½ Daumen lang
1 – 2 EL Palmzucker oder brauner Zucker (weißer Zucker geht auch)
4 EL Erdnussbutter
1 – 2 EL Sojasauce
1 EL Sesamöl, geröstet
½ bis 1 kleine rote Chilischote (je nach gewünschter Schärfe)
2 EL Fischsauce
250 g Garnelen, gerne TK
2 Karotten
1 Mango
4 Minigurken
8 Bund Radieschen
1 Bund Minze
1 Bund Koriander
1 Handvoll Erdnüsse, geschält und geröstet
8 runde Reispapierblätter (am besten Größe L)

1. Etwa 1 l Wasser zum Kochen bringen, die Reisnudeln 4 bis 5 Minuten kochen, dann in einem Sieb abtropfen lassen, mit kaltem Wasser gut durchspülen, beiseitestellen.
2. Für die Limettenbasis Limetten auspressen, Knoblauch und Ingwer schälen und reiben, zusammen mit dem Zucker zum Limettensaft geben und gut verrühren.
3. Erdnussbutter mit der Hälfte der Limettenbasis verrühren, Sojasauce und Sesamöl zugeben, mit 2 bis 3 EL Wasser gut verrühren, bis die Erdnusssauce zwar cremig, aber nicht mehr zu dick ist, beiseitestellen.
4. Chili entkernen und fein hacken. Den Rest der Limettenbasis mit Fischsauce und Chili mischen, Vorsicht, scharf! Am besten abschmecken und den Chili nach und nach dazugeben.
5. Garnelen in kochendem Wasser etwa 1 Minuten garen, danach abschrecken (am besten in Eiswasser), dann abtropfen lassen.
6. Karotten schälen und in feine Streifen schneiden (oder mit dem Zestenreißer abziehen), Mango schälen, Fleisch vom Kern schneiden und in kleine Würfel schneiden, Minigurken schälen und der Länge nach achteln, Radieschen in Stifte schneiden, Minz- und Korianderblätter von den Stielen ziehen, Minzblätter etwas kleiner schneiden, Korianderblätter ganz lassen, Erdnüsse hacken, alles separat in Schälchen beiseitestellen.
7. Ein frisches, leicht angefeuchtetes Geschirrtuch glatt auf der Anrichte bereitlegen, eine große Schüssel mit kaltem Wasser füllen. Ein Reispapierblatt ganz kurz ins Wasser tauchen, direkt auf das Geschirrtuch legen. Jetzt je ein Achtel der Zutaten für die Füllung (Reisnudeln, Garnelen, Karotten, Mango, Gurken, Radieschen, Erdnussstückchen, die Kräuter) im unteren Drittel des Papiers zu einem länglichen Hügel, zu einem Wulst, aufschichten.
8. Jetzt 1 bis 2 TL vom Fischsaucen-Dressing auf die Füllung träufeln.
9. Nun das Reispapier von unten nach oben über die Füllung schlagen, dann die linke und rechte Seite Richtung Mitte legen und jetzt die Sommerrolle eng nach oben aufrollen. Geduld, wenn es nicht gleich klappt, nach und nach wird das Rollen immer einfacher und später geht es schneller als ein Butterbrot streichen!
10. Sommerrollen mit dem Erdnussdipp servieren.

LIMETTEN-TARTE

WUNDERBAR KÜHL und so erfrischend wie ein Sprung ins Wasser an einem heißen Ferientag. Kaum ein Kuchen passt für mich besser zum Sommer als diese Limetten-Tarte!
Alleine die Creme: so schmelzend, so herrlich süß und limettenfrisch in ihrer feinen, nuancierten Säure, so strotzend vor Aroma und Geschmack! Zitronig, tropisch, blumig, duftig ist das unverwechselbare Bukett der quietschgrünen Gute-Laune-Zitrusfrucht.

ICH DENKE BEI LIMETTEN IMMER GLEICH AN SCHÖNES: AN URLAUB UNTER PALMEN, AN BRACHIAL-TÜRKISES MEER, AN EISKALTEN MOJITO IN EINER STRANDBAR, IN EINER SCHAUKEL SCHWINGEND, MIT NACKTEN ZEHEN IN SCHNEEWEISSEM SAND.

Diese Tarte ist kinderleicht – und schmeckt tatsächlich so fein wie aus einer französischen Patisserie, wenn man beim Mürbeteig, der „Pâte sablée“ ein, zwei Dinge beherzigt. Tut man dies, wird er so herrlich mürbe und knusprig, dass er wunderbar locker fast im Mund zerfällt. Wie Sand! „La sable“ heißt Sand auf Französisch und ich kann mich noch gut erinnern, wie uns während der Kochausbildung die „Sablage“ (neben der „Crémage“, einer anderen Mürbeteigtechnik) eingebimst wurde.

Bei der „Sablage“ wird eiskalte Butter in Würfelchen geschnitten und mit Mehl und Zucker rasch mit den Händen zu einem feinen Sand verrieben. Wir tauchten damals dafür unsere Hände in Eiswasser, trockneten sie rasch wieder ab, zerrieben weiter unseren Mehl-Zucker-Butter-Sand und kühlten wieder unsere Hände, bis wir am Schluss das Ei zufügten und den Sand mit ein paar Knetgriffen zu einem Teig verbanden.
Der Trick steckt im Gluten – und wie man es kontrolliert. Wird Mehl mit Feuchtigkeit stark geknetet, wird das Glutennetzwerk aktiviert, die Eiweiße im Mehl verbinden sich zu einem Gitter, der Teig wird seidig und elastisch und eignet sich hervorragend für Pasta. Doch wir wollen beim Mürbeteig ja eben keine Geschmeidigkeit, sondern die sprichwörtliche Mürbheit, Sandigkeit: Deswegen wird nur ganz kurz geknetet, außerdem kommt Fett hinzu, die Butter umhüllt die Proteine so, dass sich noch weniger Gluten bilden kann. Ich verzichte heute auf das Eiswasser, arbeite aber nach wie vor sehr rasch und achte darauf, dass Butter und Ei wirklich kühlschrankkalt sind. Man kann zur Vermeidung der Handwärme Mehl, Zucker und Butter auch mit den Hackmessern der Küchenmaschine zu Sand vermahlen – oder mit zwei Gabeln arbeiten.

LIMETTEN-TARTE

(FÜR EINE TARTEFORM VON 20 CM DURCHMESSER)

MÜRBETEIG:
130 g Mehl
70 g kalte Butter
50 g Zucker
1 Eigelb

CREME:
3 Bio-Limetten (wir brauchen auch die abgeriebene Schale)
130 g Zucker
200 g Sahne
3 Eier

DEKORATION:
1 Handvoll frische Himbeeren

1. **Für den Mürbeteig** Mehl sieben, Butter in kleine Würfel schneiden, mit dem Zucker zu einem feinen Sand zwischen den Händen oder mit der Küchenmaschine zerreiben.
2. Eigelb hinzufügen, alles rasch verkneten, zu einer Teigscheibe formen, in Frischhaltefolie wickeln, im Kühlschrank mindestens 1 Stunde **(auch gerne über Nacht)** kühlen lassen.
3. Tarteform buttern, Teig aus dem Kühlschrank nehmen, wenn möglich nicht oder kaum kneten und mit dem Nudelholz kreisförmig ausrollen. Tarteform mit dem Teig auskleiden, Überstände abschneiden oder mit dem Nudelholz über den Rand gehen, mit Backpapier belegen, mit Hülsenfrüchten zum Blindbacken beschweren, 20 Minuten kühl stellen.
4. Ofen auf 180 °C Umluft vorheizen, Tarte auf der mittleren Schiene etwa 12 Minuten blindbacken.
5. **Für die Creme** in der Zwischenzeit Schale der Limetten mit einer feinen Raspel vorsichtig abreiben, nur das Grüne, nicht das Weiße. Abrieb mit dem ausgepressten Saft der Limetten, dem Zucker, der Sahne und den Eiern mit dem Schneebesen gut verquirlen.
6. Tarteform aus dem Ofen nehmen, Backpapier und Hülsenfrüchte vom Tarteboden entfernen, Creme einfüllen und 30 bis 35 Minuten weiterbacken.
7. Tarte auskühlen lassen, dann in den Kühlschrank stellen. Tarte gut gekühlt mit ein paar Himbeeren und vielleicht ein paar Limettenzesten garniert servieren.

PERSISCHER
_SĀLĀD OLIVIEH

KARTOFFELWÜRFEL, ERBSEN, Hühnerfleisch und Ei und Mayonnaise – miteinander vermengt gab das die „Ensaladilla Rusa", das „Russische Salätchen", eine meiner Lieblingstapas, die ich, als ich in Valencia studierte, so oft bestellte. In einem meiner Seminare war damals eine Russin, sie hieß Evgenia, mit der ich mich bald angefreundet hatte und in diesem Studienjahr viel Zeit beim Tapas-Essen verbrachte. Sie sagte immer stirnrunzelnd, dass dieser Salat keine spanische Tapa, sondern ein Neujahrsgericht aus ihrer Heimat Moskau sei.

Jahre später, als ich in London an der Kochschule angefangen hatte – es war in den ersten Tagen, als wir lernten, mit den neuen, scharfen Messern umzugehen –, sollten wir einen „Salade Olivier" bereiten, um das Brunoise-Schneiden zu üben, kleine gleichmäßige Würfelchen. Ich schnitt Kartoffelwürfel, die mit dem Lineal nachgemessen wurden, palte Erbsen, rührte eine Mayonnaise – und sagte beim Probieren zu Rui, meinem portugiesischen Kommilitonen, dass das doch wohl eine klassische Ensaladilla Rusa sei, was auch er so empfand. Chef Loïc, unser Ausbilder, bestritt dies vehement, der Salade Olivier sei eine große Erfindung seines Landsmannes Lucien Olivier. Und habe nichts mit Spanien zu tun.

Eine spanische Tapa, die sich im Namen auf Russland bezieht, ein Salat mit französischem Namen in der französischen Küche, eine russische Freundin, die behauptet, dieser Kartoffelsalat sei eine russische Erfindung?

Evgenia, mit der ich über die Jahre weiterhin befreundet blieb, war in London mit einem Halbiraner verheiratet, der in den folgenden Tagen Geburtstag hatte. Ein persischer Cateringservice fuhr ein Büfett auf, alle Speisen waren mit kleinen Schildern versehen. Und da sah ich einen riesigen Berg von jenem Kartoffel-Hühner-Erbsen-Salat. „Sālād Olivieh", stand auf dem Schildchen.

ICH FRAGTE EVGENIAS MANN, OB MAN DIESEN RUSSISCHEN SALAT EXTRA FÜR SEINE RUSSISCHE FRAU GEORDERT HABE. „NEIN!", SAGTE ER ENTSCHIEDEN, DER SĀLĀD OLIVIEH SEI EINE PERSISCHE SPEZIALITÄT, DIE TRADITIONELL ZU NEUJAHR – ABER AUCH ZU GEBURTSTAGEN SERVIERT WERDE.

Jetzt wollte ich wissen, was es nun genau mit diesem simplen Kartoffelsalat auf sich hatte. Und googelte. Und fand heraus, dass alle irgendwie recht hatten: Im Jahr 1864 wurde in Moskau der Salat aus der Taufe gehoben (Evgenia lag also richtig), im hochfeinen Restaurant „Eremitage", ersonnen vom belgisch-französischen, aber in Moskau geborenen Koch Lucien Olivier, damals noch viel aufwendiger zubereitet mit Kalbszunge, Kaviar und Flusskrebs. Und mit Mayonnaise. Die Kombination von Ei, Erbsen, Huhn und Mayo ist unschlagbar, kaum jemandem schmeckt sie nicht – und so eroberte sie die Welt, fand in Spanien ihren Platz als Russischer Salat. Und eben auch in der persischen Küche, als Sālād Olivieh. Auf persische Art schmeckt der Salat mir am allerbesten. Denn er ist leichter als seine russischen, französischen und spanischen Gegenstücke, weil seine Sauce nur zur Hälfte aus Mayonnaise, zur anderen Hälfte aus Joghurt besteht. Und er bekommt durch viel Zitrone, durch Frühlingszwiebeln, durch ganze Hände voll Koriandergrün und dem feinen Hauch von Dill einen frischen, grünen Sommer-Twist!

PERSISCHER _SĀLĀD OLIVIEH

(FÜR 4 PERSONEN)
650 g festkochende Kartoffeln
4 Eier
300 g Erbsen, gerne TK
3 Hähnchenkeulen, gekocht. Oder bereits fertig als Brathähnchenkeulen gekauft
8 Essiggurken
1 Bund Frühlingszwiebeln
4 EL Mayonnaise
4 EL griechischer oder türkischer Joghurt
1–2 Zitronen, nach Geschmack
1 großer Bund Koriander
1–2 Zweige Dill
2 EL Olivenöl
Salz, schwarzer Pfeffer aus der Mühle

1. Kartoffeln mit Schale kochen, ausdämpfen lassen, Eier hart kochen, abschrecken. Kartoffeln und Eier schälen, in 1 × 1 cm große Würfel schneiden, in eine große Schüssel geben.
2. Etwa ½ l Wasser kochen, die Erbsen darin eine Minute kochen, in einem Sieb abtropfen lassen.
3. Die Haut von den Hühnerkeulen entfernen, Fleisch von Knochen und Knorpeln befreien, in mundgerechte Stücke schneiden. Essiggurken in kleine Würfel, Frühlingszwiebeln in feine Ringe schneiden. Alles zu den Kartoffeln und Eiern in die Schüssel geben. Die abgetropften Erbsen dazugeben.
4. Mayonnaise mit Joghurt verrühren, Zitrone auspressen. Die Sauce mit Zitronensaft, Salz und Pfeffer würzen und sanft unter die Kartoffel-Ei-Hähnchenfleisch-Erbsen-Mischung heben.
5. Koriander mit den Stielen fein hacken, ein paar Blättchen zur Dekoration aufheben und beiseitelegen. Dillfähnchen von den Zweigen ziehen, Fähnchen grob hacken. Kräuter unter den Salat heben.
6. Salat mit Olivenöl, Salz, Pfeffer und Zitronensaft abschmecken, mindestens 1 Stunde durchziehen lassen, vielleicht noch einmal nachwürzen. Mit Korianderblättchen garnieren, zimmerwarm servieren.

GALETTE _BRETONNE

Ich war vierzehn Jahre alt, als das „Bistro L'Étage" bei uns im Ort eröffnet wurde. Es hieß so, weil es sich nicht im Erdgeschoss, sondern in der ersten Etage über einem Damenoberbekleidungsgeschäft befand, das wir als Kinder geliebt hatten, denn Iris-Moden hatte eine Rutsche neben der Treppe, die in den Keller zu den Umkleiden führte. Ich rutschte immer begeistert mit meinen Freundinnen hinunter, wenn unsere Mütter dort einkauften.
Jetzt waren wir Teenager, die Rutsche war schon lange nicht mehr interessant, auch die Kleider nicht, die es im Laden gab, wir wollten ja anders sein. Wir kauften damals in Secondhandläden, begannen, selbst zu nähen, hatten das erste eigene Geld, weil wir Zeitungen austrugen oder in den Baumärkten, Drogerien und Schuh-Discountern bei den Inventuren Schrauben, Deos und Schnürsenkel zählten.
Mit dem „Bistro L'Étage" war nun endlich die große Welt eingezogen bei uns in der Kleinstadt. Schon der Schriftzug des „L'Étage" in den stilisierten Jugendstil-Lettern war wie eine Ahnung vom anderen Leben.
Und so saßen wir dann oft bis in den Abend im „L'Etage", tranken Café au Lait und Cidre und malten uns aus, was wir einmal tun würden, wenn wir erwachsen wären. Manchmal aßen wir Galettes im „L'Etage", Galettes Bretonnes, diese hauchdünnen, nussigen Buchweizen-Crêpes, deren Teig leicht fermentiert und durch die Lufteinschlüsse herrlich knusprig war, diese Galettes waren exquisite Pakete, gefüllt mit Schinken und schmelzendem Käse, der sich mit dem fließenden Eidotter herrlich und raffiniert verband. Die Galettes im „L'Etage" waren Lichtjahre entfernt von den fluffigen Weizenmehl-Eierkuchen mit Erdbeerkompott von daheim. Exakt so weit, wie wir uns von unserer Kindheit wegwünschten.

JAHRE SPÄTER, LÄNGST ERWACHSEN, ASS ICH IN PARIS IN EINEM BRETONISCHEN RESTAURANT, DAS MIR VON EINEM FRANZÖSISCHEN FOODKRITIKER ALS GEHEIMTIPP EMPFOHLEN WORDEN WAR, WIEDER EINES DIESER GALETTES BRETONNES.

Und selbstverständlich war es sagenhaft, der Teig hatte 24 Stunden gekühlt reifen dürfen, das Krampouz, die original gusseiserne Galette-Platte, war mit Lardigenn eingefettet, dieser speziellen Mischung aus Schweineschmalz und Eigelb, und der Gruyère, das Ei und der hauchfeine Schinken waren von wundervoller Qualität. Gekrönt wurde es von ein wenig Piment D'Espelette, dem rauchigen Paprikapulver, und frischem Schnittlauch. Es schmeckte köstlich, alles war makellos. Ein feinsinniges Erlebnis, musikalisch untermalt von der wehmütigen bretonischen Ballade „Son ar chistr", das „Lied vom Cidre".
Und dennoch schmeckte mir dieses legendäre Galette nicht ganz so gut wie sein Pendant damals, im „L'Etage", denn in dieses Galette war noch eine andere Zutat eingebacken: ein Zauber nämlich, eine ungefähre Ahnung. Von den Wundern der Welt, die sich – vielleicht? irgendwann? – einmal auftun würden vor uns. Dieses vibrierende Versprechen, diese Vorfreude: auf das, was da kommt. Auf all die Möglichkeiten, „possibilités".

GALETTE _BRETONNE

(FÜR 8 GALETTES UND 4 PERSONEN)
300 g Buchweizenmehl
1 TL Salz
650 ml Wasser
WER MAG: 1 Ei für den Teig + 8 Eier für die Füllung
1 – 1 ½ EL Butter für den Teig, etwas Butter für die Pfanne zum Ausbacken
8 Scheiben Kochschinken
200 g geriebener Gruyère

ZUM DEKORIEREN NACH BELIEBEN:
1 – 2 Handvoll blanchierter Erbsen, Schnittlauch oder Frühlingszwiebeln, in Röllchen geschnitten, etwas Piment d'Espelette

1. Das Buchweizenmehl mit dem Salz vermengen, Wasser nach und nach hinzufügen, mit dem Handrührgerät 5 Minuten gut durchrühren. Wer möchte, fügt noch ein Ei hinzu (die Galettes bekommen so eine schönere Farbe), wieder gut verrühren. Jetzt den Teig abgedeckt und kühlt ruhen lassen, **je länger, je lieber, gerne über Nacht, in jedem Fall aber mindestens zwei Stunden.**
2. Den Teig fürs Ausbacken mindestens 30 Minuten zuvor aus dem Kühlschrank nehmen, sodass er Raumtemperatur annimmt. Nun die Butter schmelzen und hinzugeben, bei hoher Stufe ein paar Minuten mit dem Handrührgerät gut verrühren.
3. Eine am besten gusseiserne Pfanne dünn mit Butter auspinseln, mit einer Schöpfkelle Teig hineingeben. Galette wenden, wenn sich die Ränder lösen, fertige Galettes im Backofen bei 100 °C warm halten.
4. 8 Spiegeleier braten, das Dotter soll unbedingt flüssig bleiben. Jeweils ein Quadrat auf den Galettes mit Schinken, Käse und dem Spiegelei belegen, die Teigränder zum Paket umschlagen. Nach Belieben mit ein paar blanchierten Erbsen und Schnittlauch- oder Frühlingszwiebelröllchen dekorieren, mit Piment d'Espelette bestreuen. Dazu schmeckt Cidre.

LOHIKEITTO
_FINNISCHE LACHSSUPPE

DAS ZAUBERHAFTE MUMINTAL, das die meisten von uns aus Kinderbüchern kennen, gibt es wirklich. Es befindet sich auf einem Inselchen im Felsenmeer, im Schärengarten im Nordwesten Finnlands. Die Insel ist durch eine Brücke mit dem Festland verbunden, mit dem hübschen Seebad Naantali, auf dessen Straßen Verkehrs- und Hinweisschilder stehen, auf denen sie abgebildet sind, die wehmütigen, weisen, weichen, weißen Wesen mit der runden Nilpferdnase, die die finnisch-schwedische Künstlerin Tove Jansson vor 75 Jahren geschaffen hat. Kinder lieben Mumins. Auch Erwachsene, sie reisen aus allen Teilen der Welt an, besonders Japaner scheinen dem Zauber der Mumins zu erliegen.

„MUUMIMAAILMA", DIE MUMINWELT, IST EIN VERWUNSCHENER THEMENPARK FÜR MUMINFANS, EINGEBETTET IN DIE NATUR, IN DER MANNSHOHE PLÜSCHWESEN DURCH DIE TRAUMÄHNLICHE SZENERIE AUS FICHTENWALD, FELSEN UND MEER AUF WEICHEN FÜSSEN SCHWEBEND TAPSEN. SIE ZIEHEN IHREN HÜBSCHEN QUASTENSCHWANZ HINTER SICH HER UND FINDEN SICH MANCHMAL ZU ZWEIT ODER ZU DRITT ZUSAMMEN UND FANGEN LEISE AN ZU SINGEN. MAN MUSS DIE OHREN SPITZEN, WENN MAN SIE HÖREN WILL.

Selige finnische Kinder fassen die Mumins an den Händen, lehnen sich an ihre Kugelbäuche, umarmen sie, ganz versunken in ihrem Glück, endlich da zu sein: im lieblichen Mumintal mit seinen

Wölkchen, auf denen man schweben kann. Mit dem Badehaus auf dem Steg ins Meer! Mit dem blitzblauen runden Muminhaus, einem Türmchen mit rotem Spitzdach und der Holzveranda, auf der Muminpapa seinen Winterpunsch in einem Fass ansetzt: aus Ingwer, Muskat und Erdbeerlikör. Und mit der gemütlichen Küche, in der Muminmama in ihrer rot-weiß gestreiften Schürze Pfannkuchen backt oder Fischsuppe kocht.

Wahrscheinlich ist es Lohikeitto, diese finnische Suppe aus Lachs, Milch, Kartoffeln und Dill. Lohikeitto ist ein finnischer Klassiker. Weil Finnland und das Zauberreich der Mumins so eng miteinander verwoben sind, ist Lohikeitto auch ein nicht wegzudenkender Bestandteil der Mumin-Menüs und Speisekarten der Muminwelt bei Naantali, im Restaurant des Muminmuseums in Tampere, in den Mumincafés in Helsinki, Tokio, Hongkong, Taipeh und Bangkok. In japanischen Supermärkten wird Instant-Lohikeitto als „Moomin-Soup" verkauft, in Finnland sind Kinder wild auf „Muumi-Lohikeitto", die Fertigsuppe zum Aufwärmen im blauen Beutel, auf dem ein weißer Mumin in einem Boot beim Fischen zu sehen ist.

Auch wir kochen dieses Wochenende die pastellfarben cremige Lieblingssuppe der Finnen, die so köstlich schmeckt: mit den im Mund schmelzenden Lachsstückchen, glasig-rosa, die nur ein, zwei Minuten im milchig-sahnigen Fischfond ziehen. Mit den flüchtigen Dillnoten, die Leichtigkeit versprühen und an den Sommer erinnern, der gerade vergeht. Piment und Lorbeer in der Suppe passen zum frühen Herbst. Der sich auf leisen Sohlen nähert, weich wie Muminfüßchen.

LOHIKEITTO
_FINNISCHE LACHSSUPPE

(FÜR 4 PERSONEN)
1 weiße Zwiebel
1 EL Butter
½ Stange Lauch
3 Karotten
4 mittelgroße Kartoffeln
½ l Fischfond (gerne fertig, aus dem Glas)
2 Lorbeerblätter
5 schwarze Pfefferkörner
2 – 3 Pimentkörner
400 g Lachs, ohne Haut
100 ml Milch
100 g Sahne
eventuell ein Spritzer Zitrone oder ein Schuss Weißwein
5 Dillzweige
Salz

1. Zwiebel in Würfel schneiden, in einem Topf in Butter langsam glasig dünsten, Lauch in feine Ringe schneiden, zu den Zwiebeln geben, dünsten. Karotten und Kartoffeln schälen, in Würfel schneiden, in den Topf geben, 3 Minuten andünsten. Dann mit dem Fond und nach Belieben etwas Wasser aufgießen. Zum Kochen bringen, Temperatur herunterschalten und mit Lorbeerblättern, Pfeffer- und Pimentkörnern 15 Minuten leise kochen lassen, bis die Kartoffeln gar sind.
2. In der Zwischenzeit den Lachs in mundgerechte Stücke schneiden.
3. Milch und Sahne zum Fond mit dem Gemüse geben, eventuell etwas Zitronensaft und/oder den Schuss Wein. Kurz aufkochen. Temperatur dann wieder herunterschalten. Dillzweiglein fein schneiden, zur Suppe geben, salzen.
4. Den Lachs nur kurz, 1 bis 2 Minuten, in der heißen Suppe glasig ziehen lassen.
5. Die Lohikeitto mit ein paar Dillzweiglein garnieren und servieren. **Dazu passt Roggenbrot mit Butter.**

ZWETSCHGEN-_DATSCHI

SÜSSER SOMMERVERGÄNGNISDUFT. Überreif aufgeplatzte Zwetschgen, in Eimer sortiert – so viele Eimer, Dutzende, so kam es mir als Kind zumindest vor, in manchen Jahren nahm die Ernte kein Ende – deren Inhalt aufgeteilt war in die Kategorien „sehr gut", „gut" und „schlecht". „Schlecht" waren die braunen Reste der Zwetschgen, die süß vor sich hingärten, die unsere gespreizten Finger aus dem Gras kämmen mussten, weil sich das Steinobst schon in ein mürbes Mus verwandelt hatte. Wir vier Kinder ächzten bei dieser Kategorie. Die kam auf den Kompost. „Gut" waren alle Zwetschgen, die angestoßen waren und die man ausschneiden musste und die ebenfalls schon am Boden lagen. Wenn alles aufgesammelt war, was unter dem Baum lag, wurde der Zwetschgenbaum kräftig geschüttelt. Dann fielen sie herab, die makellosen Stars aus der Kategorie „sehr gut".

DIESE DIVEN WURDEN HOCHACHTUNGSVOLL IN FLACHE OBSTKISTEN GEBETTET UND GINGEN FÜR FÜNFZIG PFENNIG PRO KILO AN DIE BÄCKEREI GEGENÜBER. AM NACHMITTAG SASSEN WIR DANN ZU ACHT AUF DER TERRASSE, MEINE ELTERN, MEINE TANTEN, WIR VIER KINDER.

Wir schnitten die verbliebenen Zwetschgen aus, aus denen machten wir Zwetschgendatschi, frischer Hefeteig, weich wie ein Kissen, darauf die süßen Zwetschgen, in Reihen gelegt. Und dann Zimtzucker auf den noch warmen Kuchen, der dann in Rechtecke geschnitten und mit Sahne serviert wurde.
Die Bäckerei gegenüber ist schon lang geschlossen. Und es gibt nur noch einen einzigen Zwetschgenbaum, anstatt des Dutzends von früher. Aber immer noch geht meine Tante zur Erntezeit frühmorgens in den Garten. Ich komme mit, wenn ich gerade zu Besuch bin. Dann laufen wir durchs taufeuchte Gras, und wir holen die Zwetschgen für den Datschi, den es dann zum Nachmittagskaffee geben wird, duftend und süß. Und warm wie die Sonnenstrahlen am Ende des Sommers.

ZWETSCHGEN-DATSCHI

(FÜR EIN BACKBLECH, ETWA 20 STÜCKE)
500 g Mehl
1 Päckchen Trockenhefe
1 EL Zucker + 100 g Zucker + 80 g Zucker für den Zimtzucker
¼ l Milch
180 g Butter
1 Ei
1 Prise Salz
1,5 kg Zwetschgen
2 TL Zimt

1. Mehl in eine Schüssel geben, eine Mulde hineindrücken, die Hefe und 1 EL Zucker hineingeben, die Hälfte der angewärmten Milch zugeben, mit einer Gabel in der Mulde Hefe, Milch und Zucker verrühren. Den Vorteig 10 Minuten stehen lassen.
2. Von den 180 g Butter 100 g abnehmen, erwärmen und flüssig werden lassen. Das Ei aufschlagen, zusammen mit der zweite Hälfte der anwärmten Milch, 100 g Zucker und der Prise Salz mit den Knethaken des Rührgerätes oder mit der Hand unter die Mehlmischung geben, 5 Minuten gut verkneten, dann die Teigschüssel mit einem Tuch abdecken und den Teig an einem warmen Ort 1 Stunde gehen lassen.
3. Die Zwetschgen oben und unten kreuzweise einschneiden, dann der Furche entlang von oben nach unten aufschneiden, den Stein herausnehmen, leicht flach drücken.
4. Ein Backblech mit etwas flüssiger Butter einfetten. Den Hefeteig noch einmal durchkneten, dann in der Größe des Backbleches ausrollen. Teig aufs Blech geben, mit den Zwetschgen dicht belegen. Noch einmal 30 Minuten an einem warmen Ort gehen lassen.
5. Den Ofen vorheizen (200 °C bei Ober-/Unterhitze, 175 °C bei Umluft), den verbliebenen Zucker mit dem Zimt mischen. Die Hälfte der Zimt-Zucker-Mischung auf die Zwetschgen geben. Dann die restliche Butter in Flöckchen auf den Zwetschgen verteilen.
6. Datschi 25 bis 30 Minuten backen, bis der Hefeteig hellgolden ist. Aus dem Ofen nehmen und mit dem restlichen Zimtzucker bestreuen. Mit Sahne servieren.

GOLDENER HERBST! ER LOCKT MIT WILDSCHWEIN-RAGÙ NACH EINEM WALD-SPAZIERGANG. ODER MIT EINEM KARTOFFELAUFLAUF BEI REGEN-NIESEL-WETTER. PURE GEMÜTLICHKEIT!

HERBST

SOPHIA LORENS — SPAGHETTI MIT SARDELLENBUTTER

DICK UND RAHMIG WAR SIE, wie Butter, diese Milch, die man dem kleinen, dünnen Mädchen zu trinken gab, frisch von der Ziege gemolken. Sophia Loren erinnert sich heute noch an den Geschmack, die Konsistenz, das Glücksgefühl, das sie überkommen hatte, als sie sie in kleinen Schlucken trank. Endlich satt! „Hunger war das große Thema meiner Kindheit im Krieg", schreibt Loren in ihrer Autobiografie „Mein Leben", in der sie auch von der Zeit Anfang der 1940er-Jahre berichtet, als Neapel und die Küste bombardiert wurden. Die siebenköpfige Familie suchte Abend für Abend Zuflucht im Eisenbahntunnel, bepackt mit Decken und Matratzen, gemeinsam mit den anderen Bewohnern des Städtchens Pozzuoli. „Bomben regneten auf die Stadt, auf Häuser, Schulen, Kirchen und Krankenhäuser", schreibt sie. Die Schrecken liegen acht Jahrzehnte zurück, doch noch immer wird Loren von den Erinnerungen an die Bombennächte geplagt. Aber sie erinnert sich auch an die Mahlzeiten, wie karg sie auch gewesen sein mögen, die ihre Großmutter Luisa für die Familie kochte:

„ES WAR DER DUFT UNSERES ZUHAUSES, DER FAMILIE, DIE UNS VOR DEN BOMBEN SCHÜTZTE, VOR TOD UND VOR GEWALT. NOCH HEUTE KOMMEN MIR DIE TRÄNEN, WENN ICH DIESEN DUFT EINATME, DER MICH IN MEINE KINDHEIT ZURÜCKVERSETZT", SCHREIBT SIE.

Loren, die Leinwandgöttin und Oscargewinnerin, stammt aus bitterarmen Verhältnissen, sie wurde als Teenager von ihrer Mutter wegen des zu erwartenden Preisgeldes für einen Schönheitswettbewerb angemeldet, gewann ihn. Und startete so ihre Weltkarriere.

„Essen ist mir geradezu heilig", sagt Loren, die auch eine begnadete Köchin war und ist. Die Namen von Gerichten sind für sie Koseworte für geliebte Menschen, „meinen Mann Carlo Ponti nannte ich involtino" – so heißen die feinen italienischen Kalbsrouládchen – „und wer mich kennt, weiß, dass ich involtini über alles liebe!"
In den 1970er-Jahren gab sie ein Kochbuch heraus, „In cocina con amore", das man etwa mit „Kochen mit Liebe" übersetzen kann. Das Kochbuch ist ein Kleinod und eine Fundgrube, es versammelt wunderbare Rezepte, Lebensweisheiten und herzerwärmende Anekdoten aus ihrem Leben, außerdem grandiose Fotos der Loren beim Kochen und Pastateigausrollen – oder beim Posieren mit einem üppigen Stück rohen Fleisches. Vor ein paar Jahren wurde es in Deutschland wieder aufgelegt, was für ein Glücksfall!
Aus diesem Buch kommt das Gericht, das wir heute, leicht abgewandelt, zubereiten: Sophia Lorens Spaghetti mit Sardellenbutter. „Mit diesem Gericht können Sie Ihre Gäste aufs Angenehmste verblüffen", schreibt Loren – und sie hat recht: Die mit Knoblauch gekochte Tomatensauce geht mit der Sardellenbutter, die jede einzelne Nudel umhüllt, eine himmlische Verbindung ein, die feine Säure der Zitrone und die Frische der Petersilie runden den Geschmack wundervoll ab. Es ist ein geradezu geniales Lieblingsessen, das ebenso raffiniert wie auch erstaunlich einfach zuzubereiten ist und so gut wie nichts kostet. Und aus Zutaten besteht, die viele ohnehin im Vorratsschrank haben. Auch die Sardellenbutter kann man im Voraus, am besten in doppelter Menge zubereiten, sie hält im Kühlschrank problemlos eine Woche und eingefroren noch viel länger. So sind Sie immer gerüstet für eine köstliche Pasta für Freunde, für die Familie – oder auch für sich selbst. Für Ihre Liebsten, Ihre „involtini".

SOPHIA LORENS — SPAGHETTI MIT SARDELLENBUTTER

(FÜR 4 PERSONEN)
12 – 14 Sardellen, eingelegt in Öl
125 g Butter, zimmerwarm
1 EL Zitronensaft
3 Knoblauchzehen
3 EL Olivenöl
2 Dosen (à 400 g) geschälte Tomaten
1 TL Zucker
¼ Bund Petersilie
400 g Spaghetti
Salz
schwarzer Pfeffer aus der Mühle

1. Sardellen unter fließendem Wasser kurz abspülen, trocken tupfen, grob hacken und im Mörser gut mit der zimmerwarmen Butter und dem Zitronensaft vermengen. Wer keinen Mörser hat, macht dies mit einer Gabel. Butter zu einer Kugel formen und in den Kühlschrank stellen.
2. Knoblauch schälen, die Zehen in feine Scheiben schneiden, im Olivenöl bei sehr niedriger Temperatur hellgelb anschwitzen, nicht bräunen, dann die Tomaten zugeben, aufkochen, mit dem Löffel zerdrücken und mit dem Zucker etwas 10 Minuten bei kleiner Hitze köcheln lassen, pfeffern und salzen.
3. Petersilie hacken, beiseitestellen.
4. In der Zwischenzeit in einem großen Topf 3 bis 4 l Wasser zum Kochen bringen, salzen. Spaghetti darin al dente kochen, dann abseihen.
5. Die Sardellenbutter in eine große Schüssel geben, sofort die heißen Spaghetti daraufgeben, alles sehr gut vermischen, dann die heiße Tomatensauce und die Hälfte der Petersilie zugeben und alles mischen. Nach Bedarf salzen. Mit frisch gemahlenem Pfeffer würzen und mit dem Rest der Petersilie bestreuen. Sofort servieren.

KARDAMOM-GRIESS-FLAMMERI MIT BROMBEERSAUCE

ES WAR EINMAL EIN KLEINES MÄDCHEN, so heißt es in Grimms Märchen „Der süße Brei“, das mit seiner Mutter in einem winzigen Häuschen in großer Armut lebte. Eines Tages war der Hunger so groß, dass das Mädchen verzweifelt in den Wald ging. Da begegnete ihm eine alte Frau und schenkte dem Mädchen einen Topf. Wenn das Mädchen Hunger habe, solle es sagen: „Töpfchen koche!“ Und wenn es satt sei: „Töpfchen steh!“. Das Mädchen ging heim, sagte den Spruch, und aus dem Topf quoll augenblicklich ein süßer Brei, und Mutter und Tochter aßen, bis sie glücklich und satt waren. Eines Tages war das Mädchen aus dem Haus gegangen und die Mutter ging zum Töpfchen und sagte die Zauberworte. Der Topf füllte sich, die Mutter aß gierig und schwelgte und schlemmte und schmauste, doch das Töpfchen köchelte weiter und weiter. Die Mutter erschrak, sie wusste die Worte nicht mehr, wie man das Töpfchen zum Stehen brachte! Bald quoll der Brei über den Herd hinab, hinunter auf den Boden, er füllte die kleine Stube, schob sich die Stufen zur Straße in einer süßen Flut herab, drückte sich, zu einem Mahlstrom angewachsen, durch die Fenster und Türen der anderen Häuser, die bald bis zum Dach gefüllt waren mit Brei, eine weiche, warme Walze rollte durch die Straßen des Städtchens, bis das Mädchen zurückkam und mit heller Stimme rief: „Töpfchen steh!“ Und das Töpfchen stand still. Bloß die Besucher, so hieß es, mussten sich noch lange Zeit, wenn sie ins Städtchen wollten, durch die Breifluten essen.

ICH HABE DIESES MÄRCHEN FRÜHER GELIEBT, WEIL ICH DIE VORSTELLUNG WUNDERBAR FAND: HÄUSER, BIS ZUM DACH MIT SÜSSEM GEFÜLLT! EIN NICHT ENDEN WOLLENDES WOGEN UND FLUTEN, GANZE STRASSENZÜGE, GEFÜLLT MIT SÜSS-SAHNIGEM ÜBERFLUSS!

Auch wir kochen einen Brei, aber einen besonderen: Wir kochen Grießflammeri, hellgelb, weich wie Flaum und federleicht. Und so sahnig, dass er am Gaumen schmilzt. Mit einem Hauch von Kardamom, herbstlich, rund und voll, mit blumigen Noten, die zu den letzten sonnigen Herbsttagen passen. Auch wir bringen unseren Brei zum Stehen, aber nicht durch einen Zauberspruch – sondern durch ein wenig Gelatine, sie gibt dem Flammeri Stand, so kann er, in hübsche Förmchen gegossen, später gestürzt werden. Und das einzige, was dann noch fließt und sich in wilder Fülle ergießt, ist die fruchtige Sauce aus den wie lackiert schwarz glänzenden Brombeeren, deren Saft und Säure so gut zum sahnigen Flammeri passt, so schwer, lilarot, warm und süß.

KARDAMOM-GRIESS-FLAMMERI MIT BROMBEERSAUCE

(FÜR 4 PERSONEN)

FLAMMERI:

- 3–4 grüne Kardamomkapseln, alternativ: 1 TL gemahlener Kardamom
- ½ l Milch
- 70 g Zucker
- 80 g Weichweizengrieß
- 4 Blätter Gelatine
- 1 Bio-Zitrone
- 2 Eier
- 1 Prise Salz
- 200 g Schlagsahne

BROMBEERSAUCE:

- 250 g Brombeeren
- 60–70 g Zucker, je nach gewünschter Süße
- 150 ml Apfelsaft
- ½ EL Speisestärke
- 1 guter Schuss entweder Brombeer- oder Waldbeerlikör, z. B. Crème de Mûre oder Brombeersirup

1. **Für den Flammeri** die schwarzen, kleinen Kardamomsamen von den grünen Kapseln befreien, kurz ohne Fett in einer Pfanne rösten, bis sie zu duften beginnen, sehr fein mörsern.
2. Milch mit der Hälfte des Zuckers und dem Kardamom aufkochen, den Grieß einrieseln lassen, beständig rühren, bei sehr niedriger Temperatur und unter Rühren 3 Minuten weiter köcheln lassen, aufpassen, dass der Brei nicht anliegt. Brei in eine Schüssel geben.
3. Gelatine in kaltem Wasser einweichen, quellen lassen. Von der Zitrone die Schale fein abreiben, den Saft auspressen, beiseitestellen.
4. Die Eier trennen. Eigelb und Zitronenschale miteinander verquirlen, dann kräftig unter den Grießbrei rühren.
5. Zitronensaft mit etwas Wasser erwärmen, die gut ausgedrückte Gelatine darin auflösen. Gelatine unter die Grieß-Ei-Masse rühren, aufpassen, dass keine Klümpchen entstehen.
6. Eiweiß und die Prise Salz mit der zweiten Hälfte des Zuckers sehr steif schlagen, beiseitestellen. Dann die Sahne steif schlagen. Sahne in drei Portionen vorsichtig unter den Grießbrei rühren, danach den Eischnee unterheben. Masse auf 4 Förmchen verteilen **(Förmchen nicht fetten, sondern kurz vorher mit kaltem Wasser ausspülen).** 12 Stunden kühl stellen.
7. **Für die Brombeersauce** Brombeeren und Zucker in einem kleinen Topf erhitzen, bis der Zucker schmilzt und sich der Saft aus den Brombeeren löst. Mit Apfelsaft aufkochen. Die in ein wenig kaltem Wasser gelöste Speisestärke zugeben, unterrühren. Weitere 2 Minuten unter Rühren köcheln lassen, mit Likör oder Sirup abschmecken.
8. Zum Servieren mit einem scharfen Messer zwischen Flammeri und Förmchenrand entlangfahren, dann die Förmchen kurz in sehr heißes Wasser tauchen. Flammeri stürzen und mit der warmen Brombeersauce garnieren.

JANSSONS _VERSUCHUNG

WENN ICH MICH NOCH RICHTIG ERINNERE – das Buch ist heute vergriffen, und auch in meinem Besitz befindet es sich leider nicht mehr –, war es so: Linus, ein kleiner strohblonder Junge mit blau-weiß geringeltem Pulli, kommt von der Schule, hat aber seinen Schlüssel vergessen und kann nicht in die Wohnung, vor der er nun betrübt sitzt. Da hilft ihm Svea, seine Nachbarin, aus der Patsche und lädt ihn zu sich nach Hause ein. Ihre Küche ist ein wunderbar gemütlicher Ort mit einer baumelnden Spitzenlampe über dem Tisch, einem Buddelschiff auf dem Regal und einem Haufen Kartoffeln im Vorratsschrank. Svea ist rund, trägt eine Schürze, hat schneeweißes Haar zum Dutt geschlungen und war früher Schiffsköchin – und Svea bringt Linus nun das Kochen bei.

So geht die Geschichte im schwedischen, unglaublich hübsch illustrierten Kinderkochbuch „Linus lässt nichts anbrennen", meinem allerersten Kochbuch, das ich zu Weihnachten bekommen habe, als ich ungefähr sechs Jahre alt war. Ich habe das Buch geliebt. Vieles kam mir fremd vor, schon die Namen – Linus, Svea! Bei uns gab es damals keinen Ikea in der Nähe, Schweden und alles Skandinavische waren für mich als Kind etwas weit Entferntes, irgendwie Geheimnisvolles, ein wenig wie das „Land Außerhalb" aus Astrid Lindgrens „Mio, mein Mio", das mir damals zur gleichen Zeit vorgelesen wurde. Jedenfalls kochen sich Svea und Linus durchs Jahr, und ich habe gemeinsam mit meiner Tante vieles nachgekocht und nachgebacken. Vom Apfelkuchen über die „Fliegenpilze" (Eier mit Tomatendeckel) bis zur Zimtschnecke (die unheimlich witzigen Erklärbilder, wie sich die Hefepilze vermehren, die wie fröhliche Champignons gezeichnet sind!).

ABER EIN REZEPT HABEN WIR NIE GEMACHT, DAS WAR DER KARTOFFELAUFLAUF „JANSSONS VERSUCHUNG", ICH WEISS NICHT, WARUM. VIELLEICHT, WEIL MAN DAZU ANSJOVIS BRAUCHTE. WAS WAREN ANSJOVIS?

Viel später verstand ich: Ansjovis sind – anders als Anchovis, die ja filetierte, eingesalzene und fermentierte Sardellen sind – in Skandinavien kleine Sprotten, gesalzen und in einem Würzsud aus Koriander, Nelken, Lorbeer und Senfsaat mariniert. Und man braucht sie dringend für eben jene „Janssons Versuchung", diesen sahnigen Kartoffelauflauf, ein schwedisches Traditionsgericht, das man im hohen Norden zusammen mit gebeiztem Lachs gerne zu Weihnachten isst.

Das ich heute auch so gerne koche und noch lieber esse. Vor allem, wenn es draußen windig, kalt und nieselig ist. Meine Laune hebt sich schlagartig, wenn sich meine Küche langsam mit diesem heimeligen Duft füllt. Kartoffeln, gebratenen Zwiebeln und die säuerlichen Ansjovis, so kräftig und so besonders. Man muss unwillkürlich seufzen, wenn man den ersten goldgelben Bissen mit seiner knusprigen Bröselkruste nimmt, so weich und weltversöhnlich ist dieser einfache und trotzdem so besondere Auflauf. Der mich gedanklich in Sveas behagliche Kombüse mit dem Buddelschiff führte.

JANSSONS _VERSUCHUNG

(FÜR 4 PERSONEN)
3 mittelgroße Zwiebeln (zusammen ca. 250 g)
1 Stange Lauch
2 EL Butter (ca. 50 g)
8 mittelgroße Kartoffeln (zusammen ca. 1 kg), mehligkochend
2 Dosen Anjovis, in Deutschland oft unter dem Namen Appetitsild (à 65 g Abtropfgewicht) verkauft, gibt es in flachen, kleinen Dosen in der Fischkonservenabteilung der Supermarktkühltheke
200 g Sahne
Salz und Pfeffer aus der Mühle (am besten weißer Pfeffer, schwarzer geht natürlich auch)
3 EL Semmelbrösel (ca. 30 g)

1. Backofen auf 180 °C Umluft vorheizen
2. Zwiebeln schälen, halbieren, in feine Halbringe schneiden, Lauch putzen und in feine Ringe schneiden, alles in 1 EL Butter bei kleiner Hitze sanft anbraten, sparsam salzen und pfeffern, **der Appetitsild ist schon recht salzig und würzig.**
3. Kartoffeln schälen und in grobe Stifte schneiden, gerne Pommes-frites-Größe.
4. Appetitsild über einem Sieb abtropfen lassen – die Hälfte des Sudes aufheben. Den Fisch etwas ausdrücken, in Streifen schneiden.
5. Eine größere Auflaufform mit ½ EL Butter einfetten, eine Hälfte der Kartoffelstifte einfüllen, sparsam salzen und pfeffern. Die Zwiebel-Lauch-Mischung auf den Kartoffeln verteilen, dann die Appetitsildstreifen darauf verteilen, als letzte Lage kommen die restlichen Kartoffelstifte, sparsam salzen und pfeffern. Den aufgefangenen Appetitsildsud darüberträufeln.
6. Sahne angießen, alles glatt streichen. Form ins Backrohr geben.
7. Nach etwa 45 Minuten die Form aus dem Ofen nehmen, Auflauf mit dem Löffel noch einmal glätten, dann die Brösel und die restliche Butter als Flöckchen auf dem Auflauf verteilen. Für weitere 15 bis 25 Minuten (Garprobe) im Ofen lassen.
8. Mit grünem Salat servieren.

TARTE _TATIN

ALS DIE BETAGTEN FRÄULEINS TATIN, beide hervorragende Köchinnen, im vorvergangenen Jahrhundert wieder einmal Gäste hatten, passierte Mademoiselle Fanny beim Apfelkuchen ein Malheur: Der herrlich buttrige Mürbeteig, belegt mit den gezuckerten Apfelspalten, glitt ihr aus der Tarteform, als sie diese schwungvoll in den heißen Ofen stellen wollte. Da lag nun der Mürbeteig auf den Küchenfliesen, darauf die vielen Apfelviertel, draußen die Gäste, die sich schon auf Fannys Tarte aux pommes freuten. Was tun?

FANNY TATIN HOB BEHERZT EINE PFANNE ÜBER DIE MALAISE AUF DEM BODEN, BUGSIERTE DIE TARTE KOPFÜBER HINEIN – DER MÜRBETEIGBODEN WAR NUN EIN MÜRBETEIGDECKEL –, STELLTE SIE IN DEN OFEN UND SERVIERTE IHREN GÄSTEN DEN KUCHEN NUN GESTÜRZT.

Die waren begeistert: Die Äpfel hatten sich im eigenen Saft und im Zucker wunderbar karamellisiert, der Mürbeteig war, weil er nun oben gebacken worden war, ganz herrlich kross! Die Tarte Tatin war geboren. Auch heute bereitet man die Tarte Tatin klassisch in einer Pfanne zu: Man schmilzt

Zucker zu Karamell, gibt Butter dazu, dann die Apfelspalten. Und bedeckt das Ganze mit dem Teig, bevor man die Pfanne in den Ofen stellt. Vor dem Stürzen rüttelt man die Pfanne ein wenig und betet, dass die Tarte heil aus der Pfanne kommt und keine Äpfel im Karamell am Pfannenboden kleben bleiben. Doch genau das passierte unserem Ausbilder an der Kochschule, Chef Laurent. Was ihn so beschämte und verärgerte, dass die Atmosphäre an diesem Tag zum Zerreißen gespannt war. Und auch die Hälfte unserer Tartes blieben am Pfannenboden kleben. Die Tarte-Ruinen schmeckten zwar wunderbar, sahen aber zum Fürchten aus.

Und so blieb mir die Tarte Tatin als ein Vabanquespiel in Erinnerung, ein launischer Kuchen, der mal gelingt, mal nicht. Bis ich vor Kurzem auf die Idee kam, sie ganz einfach in einer ganz normalen Springform zu backen. Und, voilà, so wird aus einer Apfelkuchen-Lotterie ein todsicheres Vergnügen! Das man jetzt, in der Apfelzeit, so oft wie möglich wiederholen sollte, denn die Tarte Tatin mit ihrem knusprigen Boden und den süßen Äpfeln, die es sich im Butterkaramell wie in einer goldenen Toffeeschicht gemütlich machen, ist kaum zu toppen. Außer mit etwas Sahne oder einem kleinen Löffel Crème fraîche. Oder Vanilleeis …

TARTE _TATIN

(FÜR EINE SPRINGFORM VON 26 CM DURCHMESSER, ERGIBT 12 STÜCKE)

MÜRBETEIG:
250 g Mehl
125 g kalte Butter, in Würfel geschnitten
60 g Zucker
1 Ei
1 Prise Salz

FÜLLUNG:
6–8 säuerliche Äpfel, je nach Größe
200 g Zucker
Saft einer halben Zitrone

KARAMELL:
150 g Zucker
50 g Butter
½ TL (Meer-)Salz

1. **Für den Mürbeteig** die Zutaten verkneten, den Teig in Frischhaltefolie eingeschlagen und mindestens 1 Stunde ruhen lassen.
2. **Für die Füllung** in der Zwischenzeit die Äpfel schälen und vierteln. 1 l Wasser mit dem Zucker und dem Zitronensaft zum Kochen bringen, Apfelviertel darin 2 Minuten blanchieren, dann in einem Sieb gut abtropfen lassen.
3. Ofen auf 180 °C Umluft vorheizen.
4. **Für den Karamell** die Hälfte des Zuckers in eine Pfanne geben, langsam schmelzen, ohne zu rühren. Dann die zweite Hälfte des Zuckers dazugeben, schmelzen. Erst dann langsam rühren, Butter und Meersalz zugeben, alles zu einem cremigen Butterkaramell rühren.
5. Eine Springform von außen mit Alufolie einschlagen, um sie abzudichten, dann das Karamell hineingeben. Darauf die Apfelviertel „auf dem Rücken“ verteilen. Den Teig in der Größe der Form ausrollen, wie einen Deckel auf die Äpfel geben, mit einer Gabel ein paarmal einstechen. 25 bis 35 Minuten backen, bis der Mürbeteig golden ist.
6. Springform aus dem Ofen nehmen, Tarte 2 bis 3 Minuten stehen lassen, dann den Springformrand lösen, eventuell mit einem großen Messer zwischen Springformboden und die Apfelschicht gehen, eng am Metall entlang. Einen großen Teller oder eine Kuchenplatte auf die Tarte geben – und stürzen. Am besten warm servieren, mit Schlagsahne, Crème fraîche oder einer Kugel Vanilleeis.

CANDY _CHICKEN

Bald ist Halloween! „Trick or Treat?“ Wenn schon „guilty pleasure“, dann am besten volles Rohr, das komplette Programm: Candy Chicken, so bonbonhaft und zum Finger ablecken ist die blutrote, klebrige Sauce, scharf, süß und sauer, die über die unglaublich knusprigen Hähnchenteile nach dem Frittieren gegossen wird.
Amerikanische Soldaten brachten während des Koreakriegs ihre Vorliebe für frittierte Hähnchen nach Korea, die dortigen Imbissbuden servierten das Geflügel bald auf diese Weise. Aber sie gaben scharfe Gewürze und ebendiese Sauce hinzu, die das Gericht wie einen knallbunten Kindergeburtstag aussehen lässt. Neben der Sauce ist die Crispyness das Wichtigste am Candy Chicken. Um die zu maximieren, gibt es drei Tricks, wer sie beherzigt, wird von einer Knusprigkeit bisher nie erreichten Ausmaßes belohnt, einem herrlich verrückten Freizeitpark im Mund.

EIN TRICK IST DAS BACKPULVER IN DER WÜRZMISCHUNG FÜRS HÄHNCHEN, ES REAGIERT AUF DER HÜHNERHAUT MIT KLEINEN BLÄSCHEN BEIM FRITTIEREN, DIE DIE OBERFLÄCHE VERGRÖSSERN UND DAMIT DIE KNUSPRIGKEITS-BÜHNE ERWEITERN. DANN: EINMAL IST KEINMAL, ES WIRD DOPPELT FRITTIERT.

Aber nicht direkt hintereinander. Denn das ist der dritte Trick, der wichtigste. Er ist dem leider 2018 verstorbenen, wunderbaren Koch und Kochgeschichtenerzähler Anthony Bourdain von seinem koreanisch-amerikanischen Freund Danny Bowien, Gründer des legendären „Mission Chinese Food“, verraten worden: „deep freeze“ nach „deep fry“ – nach dem ersten Frittiervorgang werden die ausgekühlten Hühnerteile für eine Nacht in die Gefriertruhe gesteckt.

Und dann, wieder kurz aufgetaut, noch einmal frittiert. Danach mit der süßsauren, glasurartigen Sauce begossen, die einem vor Schärfe das Wasser in die Augen treibt. Scharf, sauer, salzig, süß. Fettig und klebrig und knusprig. Ein Candy Chicken ist eine herrlich überdrehte Achterbahnfahrt der Sinne, eine Party der Synapsen, perfektes Halloween-Fingerfood in Technicolor! Süßes oder Saures? Am besten beides!

CANDY _CHICKEN

(FÜR 4 PERSONEN)
HÄHNCHENSCHENKEL:
1 kg Hähnchenschenkel, zwischen Unter- und Oberkeule geteilt
½ EL Salz
1 EL schwarzer Pfeffer aus der Mühle
1 EL granulierter Knoblauch (frischer würde beim Frittieren verbrennen)
½ TL Backpulver
100 g Speisestärke
1 ½ l Sonnenblumenöl

SAUCE:
3–5 kleine getrocknete Chilis, fein gehackt
3 Knoblauchzehen, geschält und fein gerieben
frischer Ingwer, etwa ½ Daumen lang, geschält und fein gerieben
5 EL Gochujang, eine scharfe fermentierte koreanische Würzpaste (im Asialaden erhältlich)
4 EL Ketchup
2 EL Reisessig
2 EL Honig
1 EL brauner Zucker
1–2 EL Sojasauce

ZUM SERVIEREN:
4 Frühlingszwiebeln, in Ringe geschnitten
2–3 EL Sesamsamen

1. **Für die Hähnchenschenkel** Salz, Pfeffer, Knoblauchgranulat und Backpulver gut miteinander vermengen. Die Hähnchenteile damit würzen, dann in der Speisestärke wälzen, danach abklopfen.
2. Das Öl vorsichtig erhitzen, wer ein Thermometer hat: auf 140 °C (im ersten Frittiervorgang soll das Öl nicht zu heiß sein). Die Hähnchenteile sanft frittieren, immer wieder mit einer Zange wenden, sie sollen blass golden sein, das dauert ungefähr 10 Minuten. Hähnchenschenkel auf Küchenpapier abtropfen lassen. Die auf einem Gitterrost ausgekühlten Schenkel gut mit Frischhaltefolie abdecken, für 12 Stunden einfrieren.
3. Frittieröl durch ein Sieb passieren, für den zweiten Frittiervorgang aufheben.
4. Die Hähnchenschenkel 1 Stunde vor dem zweiten Frittieren aus dem Gefrierfach nehmen, auftauen lassen. **Für die Sauce** in der Zwischenzeit alle Zutaten gut miteinander verrühren, in einem Topf kurz aufkochen.
5. Öl erhitzen, stärker als beim ersten Mal, auf 175 °C. Wer kein Thermometer hat: Um einen Holzkochlöffelstiel, den man in das Öl taucht, bilden sich Bläschen. Die Hähnchenschenkel jetzt unter Wenden goldbraun frittieren, auf Küchenpapier abtropfen lassen.
6. Mit der warmen Sauce übergießen, mit Frühlingszwiebeln und Sesam garnieren.

KAISERSCHMARREN

—

HERBST IN DEN BERGEN. Wie blaue Seide spannt sich der Himmel über die Gipfel, die von der Mittagssonne golden beschienen sind, die Luft ist klar und frisch. Unter den Füßen raschelt das Laub, gelb, orange, leuchtend rot, es duftet nach dem feuchten, federnden Boden, nach Wald, harzig, holzig, moosig, weich. Der Alltag ist weit weg hier oben, nur die Gipfel und die Sonne und der Himmel sind nah. Bald kommt die Hütte, in die gleich eingekehrt wird, eine der wenigen, die jetzt noch offen haben, denn die Saison ist eigentlich schon zu Ende. Aus dem Schornstein steigt Rauch, und die Vorfreude steigt jetzt mit jedem Schritt. Und dann sitzt man auf der Eckbank, mit diesem magischen Blick auf die Berge, die Bläue, das Licht und den Herbst, der sich da draußen in seiner Pracht darbietet.

UND WENN MAN GERADE MEINT, DASS ES NICHT MEHR SCHÖNER KOMMEN KANN, DANN WIRD ER GEBRACHT, DIESER TELLER, MIT DEM PERFEKTEN KAISERSCHMARREN: GELBGOLDENE FLUFFIGKEIT, ZART GEBRÄUNT, MIT PUDERZUCKER BESTÄUBT.

Diese vanillige Buttrigkeit, die rumgetränkten Rosinen. Diese karamellige Schicht, von der jedes dieser Kaiserschmarrenkissen überzogen ist. Und dann ihr süßes Innenleben! Duftende Plüschigkeit. Ein perfekter Kaiserschmarren ist ein unvergleichliches Glück.
Ich habe mich immer gefragt, was der Grund dafür ist, dass der Kaiserschmarren in einer Berghütte so anders schmeckt als daheim in der eigenen Küche. Und es immer ausschließlich auf das Bergpanorama geschoben, das den Genuss dieser Speise so einzigartig und deswegen daheim nicht reproduzierbar machte.
Und es stimmt, die Berge, der Blick sind die wichtigsten Zutaten. Aber zwei andere Tricks gibt es, um den Kaiserschmarren dennoch ganz wunderbar zuzubereiten. Einmal: der Eischnee. Trennt man die Eier und schlägt das Eiweiß zu steifem Schnee, den man unter den Teig hebt, erreicht man schon einmal sehr viel an Katzenpfötchen-Fluffigkeit. Des Weiteren: das Butterkaramell. Zu diesem lässt man in einer Pfanne Butter und ein wenig Zucker schmelzen. Darin wendet man die fertigen Kaiserschmarrenkissen, so ergibt sich die bonbonsüße Umhüllung. Und dann? Schließt man einfach die Augen. Und genießt.

KAISERSCHMARREN

—

(FÜR 4 PERSONEN)
2 EL Rosinen
1 EL Rum (wenn keine Kinder mitessen, ansonsten: 1 EL Apfelsaft)
1 Vanilleschote
200 ml Milch
40 g Butter
4 Eier
1 Prise Salz
30 g Zucker
50 ml Apfelsaft
120 g Mehl
Butter zum Fetten der Pfanne
2 EL Butter zum Karamellisieren
3 EL Zucker zum Karamellisieren
Puderzucker zum Bestäuben

1. Rosinen in Rum oder Apfelsaft ziehen lassen. Vanilleschote längsseitig aufschneiden, Mark herausschaben, Vanillemark und die leere Schote zur Milch geben, Milch sanft erwärmen, nicht kochen lassen. Butter in einem weiteren Topf sanft schmelzen lassen.
2. Eier trennen, Eiweiß mit einer Prise Salz zu steifem Schnee schlagen. Eigelb, Zucker, Apfelsaft und die flüssige Butter mit dem Handrührgerät zu einer glänzenden Creme aufschlagen. Vanilleschote aus der Milch nehmen, Vanillemilch und Mehl zur Eiercreme hinzugeben, kräftig aufschlagen. Rumrosinen zugeben. Eischnee vorsichtig unter den Teig heben.
3. In einer großen Pfanne etwas Butter schmelzen, die Teigmasse hineinfüllen, etwa zwei Zentimeter hoch. Je nach Größe der Pfanne wiederholt man den Vorgang später mit einem oder zwei weiteren Kaiserschmarren.
4. Teig stocken lassen, immer wieder am Rand leicht hochheben, um zu schauen, wie weit er schon ist. Dann den Teigkreis mit einem Pfannenwender vierteln und die Viertel wenden, vorher noch etwas Butter in die Pfanne geben. **Wenn der Kaiserschmarren fertig und goldbraun gebacken ist,** mit dem Pfannenwender in mundgerechte Stücke zerteilen, diese aus der Pfanne nehmen, beiseitestellen.
5. In der Pfanne 2 EL Butter und 3 EL Zucker schmelzen lassen, bis eine flüssige Karamellmasse entsteht. Darin nun die Kaiserschmarrenkissen wenden. Den Kaiserschmarren mit Puderzucker überstäuben. Dazu passt Apfelmus oder Zwetschgenkompott.

TOSKANISCHES _WILDSCHWEINRAGÙ

WENN ICH JETZT nach einem langen Waldspaziergang nach Hause komme, habe ich Appetit auf Wild. In der Nase habe ich noch den Duft des frühen, milden Herbstes. Ein Zwischenjahresduft, gleich nach dem Altweibersommerflirren, zauberhaft und schwelgerisch, wenn in der Früh zwar feiner Nebel über den Feldern hängt, es aber tagsüber noch so warm ist, dass man fast keine Jacke braucht. Feinmodrig riecht diese kurze Jahreszeit. Nach feuchtem Laub, süßlichem Baumharz und nach Moos, nach Pilzen, Sattheit, später Sonne, nach Reife, in der schon die Ahnung vom Zerfallen und Vergehen steckt.
Zum milden Frühherbst passt ein Wildschweingericht aus Italien, das nicht mit den winterlichen Wildgewürzen wie Wacholder, Nelke und Piment aromatisiert ist, sondern frischer und leichter daherkommt: ein Ragù di cinghiale, ein toskanisches Wildschweinragout. Schon die feierfreudigen Etrusker, die Lebefrauen und -männer der Antike, waren große Wildschweinfreunde, schon sie kochten so ein Ragù, mit reichlich Wein. Wildschweine gibt und gab es zuhauf in der dicht bewaldeten Toskana, weltberühmt ist die Wildschweinstatue bei den Markthallen in Florenz, nahe dem Ponte Vecchio: Es soll Glück bringen, die Schnauze des Bronze-Ebers zu berühren.

IM HERBST, DER IN DER LIEBLICHEN TOSKANA MIT IHREN SANFTEN HÜGELN SO HERRLICH SONNIG IST, WAGEN SICH DIE BORSTENTIERE MIT IHREN KURZEN BEINEN AUS DEN WÄLDERN, DIE EBER MIT GROSSEN ECKZÄHNEN UND DIE BACHEN, WIE MAN DIE WILDSCHWEINDAMEN NENNT, IM DICHTEN SCHOKOLADENBRAUNEN FELLKLEID – OFT UMTRIPPELT VON IHREN FRISCHLINGEN, WEISS GETÜPFELT UND GESTREIFT.

Die Wildschweine werden angelockt vom Duft der reifen Trauben in den Weinbergen, die sich die ganze Rotte schmecken lässt, zum Schrecken aller Winzer.
Bittere Pointe: Mit dem Wein aus toskanischen Trauben wird das Wildschweinfleisch für unser Ragù langsam geschmort und dann mit frischen Kräutern gewürzt, mit Thymian, Salbei, Rosmarin. Sodass bald die ganze Wohnung himmlisch riecht, nach herbstlichem Ragù – und nach dem Duft der Macchia. Mit diesem Ragù di cinghiale, am besten mit breiten Bandnudeln, Pappardelle, serviert, kommt ein Schuss italienischer Leichtigkeit in unsere deutsche Herbstromantik. Ein bisschen Süden, bis es bald kalt und grau wird.

TOSKANISCHES _WILDSCHWEINRAGÙ

(Für 4 Personen)
1 kg Wildschwein, z. B. aus der Schulter
2 Zwiebeln
2 Karotten
1 Stange Staudensellerie
4 EL Olivenöl
2 Knoblauchzehen
2 EL Tomatenmark
½ l Wildfond
½ l Rotwein, z. B. Chianti
400 g stückige Tomaten aus der Dose (Polpa)
2 Lorbeerblätter
6 Zweige Thymian
1 Zweig Rosmarin
10 Salbeiblätter
Salz, Pfeffer
frisch geriebener Pecorino zum Servieren

1. Das Wildschweinfleisch in Würfel schneiden (etwa 2 cm), beiseitestellen.
2. Zwiebeln und Karotten schälen, Sellerie entfädeln, alles in kleine Würfel schneiden, in einer großen Pfanne oder einem Bräter in 2 EL Olivenöl sanft anbraten.
3. In der Zwischenzeit Knoblauch schälen und fein hacken, zum angebratenen Gemüse geben, kurz mitgaren.
4. Gemüse aus der Pfanne nehmen, die Wildschweinwürfel im restlichen Öl in zwei Portionen gut anbraten, das Tomatenmark im Bratensatz verrühren.
5. Gemüse wieder dazugeben, Wildfond und Rotwein angießen, die Tomaten und die Lorbeerblätter zugeben, alles kurz aufkochen, dann die Temperatur stark herunterschalten. Bräter oder Pfanne mit einem Deckel versehen, das Ragù 3 Stunden ganz sanft schmoren lassen, **immer wieder nachsehen, dass nichts anliegt,** eventuell Brühe oder noch etwas Wein angießen.
6. In den letzten 30 Minuten vor dem Servieren die Blätter vom Thymian zupfen, die Nadeln vom Rosmarinzweig fein hacken, die Salbeiblätter in Streifen schneiden. Alles zum Ragù geben, weiter köcheln lassen, salzen, pfeffern. Mit Pecorino servieren, dazu passen Pappardelle.

BULGOGI

—

IM NOVEMBER braucht man Essen für die Seele. Es gibt Bulgogi, das herrliche koreanische Comfort-Food, köstlich mariniertes fein geschnittenes Rindfleisch, in ein Salatblatt eingerollt, das mit Reis und scharfem Kimchi schon beim ersten Bissen Geborgenheit und Seelenfrieden schenkt. „Ein gutes Bulgogi", sagt der preisgekrönte koreanischstämmige US-Koch Peter Serpico, „ist die Art, mit der man in Korea Fürsorge zeigt. Und Liebe."
Ich habe Bulgogi kennengelernt, als ich vor Jahren für eine Stelle nach Shanghai gegangen bin und in den ersten Wochen schrecklich alleine war. Ich weiß noch, es war Anfang November, es war erbärmlich kalt, weil es in den Häusern und Wohnungen keine Heizung gab.

MIR WAR KLAMM, ALS ICH ABENDS AM BUND, DER SHANGHAIER UFERPROMENADE, ENTLANGSPAZIERTE. AUS DEM DUNKLEN HUANGPU-FLUSS STIEGEN NEBELSCHWADEN AUF, ICH DACHTE AN DIE HUNGRY GHOSTS AUS DEN OSTASIATISCHEN MYTHEN, HUNGERGEISTER, VERSTORBENE VERWANDTE, GESPENSTER MIT VIEL APPETIT, DIE AUS DEM JENSEITS AUFTAUCHEN UND NACH EINER MAHLZEIT HUNGERN.

Sie werden aber eigentlich jedes Jahr schon Ende August, Anfang September an den Gräbern mit Speisen beschenkt, dachte ich nach. Und genau da, als ich so sinnierte, begegnete ich einer Kollegin aus Korea. Die auf dem Weg war, wie sie sagte, mit Freunden Bulgogi zu essen. Ob ich mitkommen wolle? Natürlich wollte ich, auch wenn mir Bulgogi gar nichts sagte. Und dann kamen wir nach einer kurzen Busfahrt bei diesem koreanischen Restaurant an. Wurden zum Tisch geleitet. Es war so herrlich warm, heimelig schummerig, es roch nach Grillfleisch, Ingwer, grünem Tee. Stimmen murmelten, Fleisch zischte und brutzelte. An jedem Tisch, so sah es zunächst aus, brannte ein kleines Feuerchen. Es waren jedoch die kleinen Grillplatten, die in jeden Tisch eingelassen waren, auf denen die hauchdünnen, marinierten Rindfleischstreifen über glimmenden Kohlen brieten. Das Fleisch war so weich, mit Birne mariniert, deren Enzym die Rinderstreifen zart macht. Die Sauce war so mild und gleichzeitig so sesambittersüß, ingwerwürzig, frühlingszwiebelscharf. Es gab frische Salatblätter, in die jeder Esser sein Fleisch mit den Fingern wie zu einem kleinen Geschenkpäckchen einwickelte, um dann herzhaft davon abzubeißen. Dazu Reis und buttrige Omelettes und Kimchi, den fermentierten Kohl: Mein Gott, war das gemütlich! Ich fühlte mich wie von einem Kokon aus Herzlichkeit und Wärme umfangen.
In den ich mich auch heute noch immer wieder ein wenig einspinnen kann, wenn ich daheim Bulgogi zubereite, ohne Grill und Kohle, ganz einfach in der Pfanne. Bei aufgedrehter Heizung, gedimmtem Licht und heißem, starkem Tee genossen. Wärmendes Essen für dunkle Novemberabende, das nicht nur Hungergeister, sondern auch die Seele nährt.

BULGOGI

(FÜR 4 PERSONEN)
400 g Rindersteak aus der Hüfte
1 Birne
3 Knoblauchzehen
1 daumengroßes Stück Ingwer
6 EL Sojasauce
4 EL Sesamöl
2 EL Sesamsamen
4 EL (brauner, wenn Sie haben) Zucker
1 EL schwarze Pfefferkörner
½ Bund Frühlingszwiebeln
Salz
3 EL Sonnenblumenöl
1 Kopf Römersalat

1. Fleisch als Ganzes im Gefrierfach für 3 oder 4 Stunden hart werden lassen, **dann lässt es sich besser dünn schneiden.**
2. Die Birne schälen und entkernen, Knoblauch und Ingwer schälen, in grobe Stücke hacken. Alles zusammen mit der Sojasauce und dem Sesamöl mit dem Stabmixer fein pürieren.
3. Sesamsamen in einer Pfanne leicht anrösten, mit dem Zucker zur Marinade geben, verrühren.
4. Pfefferkörner grob mit dem Messer zerdrücken, Frühlingszwiebeln in feine Ringe schneiden, beides zur Marinade geben, Marinade probieren, eventuell nachsalzen.
5. Etwa 4 bis 5 EL von der Marinade abnehmen, als Sauce für später beiseitestellen.
6. Fleisch aus dem Gefrierfach nehmen, in sehr feine Streifen schneiden, in die Marinade geben, mindestens 2, besser 4 Stunden darin marinieren lassen.
7. In einer Pfanne – wer hat, in einer Grillpfanne – das Fleisch im Sonnenblumenöl nicht zu stark anbraten.
8. Zum Essen die Fleischstreifen in einem Salatblatt zu einem Paketchen einrollen, in die Sauce dippen. Dazu passen weißer Reis, Kimchi (aus dem Asialaden), Chiliringe, frische Radieschen und eventuell Omelettes, in die man Frühlingszwiebeln einbackt.

JAKOBSMUSCHELN — MIT BLUTWURST

LEÒDHAS AGUS NA HEARADH nennt man sie auf Gälisch, ein Name wie ein Zauberspruch für eine Insel, die etwas Mythisches umweht: Das abgeschiedene Doppel-Eiland Lewis and Harris liegt im Atlantik, weit, weit im Norden Europas. Lewis and Harris ist Teil der schottischen Inselgruppe der Äußeren Hebriden, seit 5000 Jahren trotzen dort Menschen Meer und Sturm. Schon Diodor, der Geschichtsschreiber der hellenistischen Antike, schrieb, „von dieser Insel aus soll der Mond in ganz geringem Abstand von der Erde erscheinen".

Eiskalter Wind fegt über das Torfmoor, über Heideland, über Steilklippen, die aus der schäumenden, gurgelnden Gischt herauswachsen. Uralte Kultstätten wie die Standing Stones of Callanish beschwören das Numinose herauf, das einen bei jedem Schritt über die Insel verfolgt, der Glaube an Geister ist hier ebenso lebendig wie der Gebrauch des Gälischen als Alltagssprache. Gedrungene Häuser ducken sich in die braungrüne Hügellandschaft, weiße Sandstrände ziehen sich über Kilometer an türkisblauen Buchten entlang. Doch wer einen Zeh ins Wasser taucht, weicht erschrocken zurück, um die acht Grad hat der Atlantik hier im November. Im eiskalten und unwahrscheinlich sauberen Meer um die Inselgruppe der Äußeren Hebriden gedeihen, so sagt man, die besten Jakobsmuscheln der Welt. Die Kälte sorgt dafür, dass die Mollusken sehr langsam wachsen und ihr Geschmack sich verdichtet. Fischer fahren in kleinen Booten auf den Atlantik, stürzen sich in Tauchanzug, mit Sauerstoffflasche und Atemgerät in die eiskalte See, tauchen bis auf dreißig Meter herab und ernten die Muscheln einzeln. Sie transportieren sie im Meerwasserbehältnis per Boot zum Hafen, wo sie auf Eis gepackt in einer Styroporbox an Spitzenrestaurants in London, Paris oder Barcelona verschickt werden.

Ich war vor ein paar Jahren auf Lewis and Harris. Es war ein windiger Spätnachmittag im November, ich stand am kleinen Hafen in Leverburgh, es nieselte und war schon dunkel, so weit im Norden

geht im Winter die Sonne früh unter. Die Boote schaukelten verlassen in den Wellen. Doch aus einem kleinen Haus neben dem Pier trat ein alter Mann. Wir kamen ins Gespräch, er hieß Murdo, war weit über achtzig Jahre alt und einer jener Fischer, die nach Jakobsmuscheln tauchten. Ich war begeistert, hatte vor Jahren einen Tauchschein gemacht und wollte alles wissen. Dann lud er mich ein in sein Haus, in dem es mollig warm war. Seine Frau stand am Herd, öffnete gerade desserttellergroße Jakobsmuscheln und sagte, ich solle zum Essen bleiben, es sei in zwei Minuten fertig.

SIE FUHR MIT EINEM MESSER ZWISCHEN DIE MIT EINEM MÜRBEN KNACKEN NACHGEBENDEN SCHALEN DER MUSCHELN, BRIET DIE PERLMUTTEN GLÄNZENDEN MUSCHELZYLINDER GANZ KURZ IN EINER GUSSEISERNEN PFANNE IN BUTTER AB.

Und gab sie mit einem ordentlichen Löffel Colcannon, einem Grünkohl-Kartoffel-Stampf, auf drei Teller. Wir aßen diese köstlichen Jakobsmuscheln, die Murdo am Morgen vom Meeresgrund hochgeholt hatte. Murdo lud mich ein, am nächsten Tag, ganz in der Früh, mit ihm rauszufahren und nach Muscheln zu tauchen. Doch da war mein Rückflug, ich sagte ab, widerstrebend. Murdo gab mir seine Nummer. Ein Jahr später war sie nicht mehr zu erreichen. Ich ärgere mich heute noch darüber, dass ich damals nicht spontaner war. Dafür koche ich manchmal zu Hause Jakobsmuscheln, die ich natürlich nie in dieser Größe, Schönheit und Qualität bekomme. Ich gebe einen Schuss Madeira in die Butter und ein wenig Blutwurst hinzu, angeröstet, erdig und dunkel, so gut passend zum Grünkohl im Colcannon und zur Jahreszeit.

JAKOBSMUSCHELN — MIT BLUTWURST

(FÜR 4 PERSONEN)

12–20 Jakobsmuscheln (Jakobsmuscheln können in der Größe extrem variieren), frisch oder TK

800 g mehligkochende Kartoffeln

5 EL (125 g) Butter

200 ml Milch

400 g Grünkohl oder Wirsing

100 g Blut- oder Schwarzwurst

1 großzügiger Schuss Madeira

Salz und frisch gemahlener Pfeffer

1. Wenn Sie TK-Jakobsmuscheln verwenden: diese auftauen lassen.
2. Kartoffeln schälen und vierteln, in kochendem Salzwasser in etwa 20 Minuten weich garen, abgießen, etwas ausdampfen lassen, dann die Kartoffeln in einem Topf zu einem groben Brei stampfen, 2 EL Butter und die angewärmte Milch dazugeben, alles vermengen.
3. In der Zwischenzeit den Grünkohl in Streifen schneiden und in Salzwasser 3 Minuten garen, durch ein Sieb abgießen, ausdrücken, in ½ EL Butter in einem Topf andünsten, mit Salz abschmecken. Die Hälfte des Grünkohls für die Garnitur beiseitestellen, andere Hälfte zum Stampf geben, alles vermengen, abschmecken, warm stellen.
4. Blut- oder Schwarzwurst zerbröseln bzw. in kleine Würfel schneiden, in einer Pfanne in ½ EL Butter abbraten, aus der Pfanne nehmen, warm stellen.
5. In derselben Pfanne 1 EL Butter aufschäumen, die abgetupften Jakobsmuscheln je nach Größe in etwa 30 Sekunden pro Seite anbraten, salzen, pfeffern. Muscheln aus der Pfanne nehmen. Den in der Pfanne verbliebenen Bratensatz kurz mit Madeira aufkochen, 1 EL kalte Butter einrühren, abschmecken. Jakobsmuscheln mit Grünkohl-Kartoffel-Stampf, Grünkohl und Blutwurst auf vorgewärmte Teller geben, Madeirasauce angießen.

POWIDLTATSCHKERL

„EINE MEHLSPEIS NUR, die mag ich / die könnt essen jeden Tag ich", sang Hermann Leopoldi, Komponist, Pianist und einer der großen Stars der Wiener Kabarettszene der Zwischenkriegszeit, der den Powidltatschkerln ein Lied gewidmet hat, das die Wiener damals ebenso sehr liebten wie die Tatschkerln selbst. Powidltatschkerln! Seidige Täschchen aus flaumigem Kartoffelschnee, gefüllt mit Powidl, dem böhmischen, dick eingekochten Pflaumenmus, in Butter gebadet, mit Zimtzucker serviert, goldene, seidige, köstliche Halbmonde! Und der Powidl, der sich, durchs Garen flüssig geworden, beim Draufbeißen aufs Tatschkerl im Mund ausbreitet, heiß und süß …

Auch den jüdischen Hermann Leopoldi, geboren 1888 als Hersch Kohn, liebte man damals in Wien, mit seiner Brillanz, seiner feinsinnigen Schärfe und seinem unerhörten, aber so liebevollen Witz. Leopoldi füllte mit seinen Wienerliedern, Couplets, Potpourris, Chansons und Schlagern erst die Kabaretts, dann die großen Säle, in Wien, in Karlsbad, Bukarest, Paris und Berlin. „Berlin biegt sich. Zwerchfelle erschüttert. Bäuche vor Lachen gehalten. Jeden Abend Leopolditag!", schrieb das Berliner „8 Uhr-Abendblatt".

1937 wird Leopoldi das österreichische silberne Verdienstzeichen verliehen, noch glaubt er nicht, dass die Lage wirklich bedrohlich werden kann. 1938 bereitet er, wie viele andere Wiener Juden, dann doch seine Emigration vor, als er von der Gestapo abgeholt wird. In Dachau und Buchenwald erlebt er acht Monate lang die Hölle auf Erden. Und kommt, es grenzt an ein Wunder, 1939 frei: Die Schwiegereltern, schon in den 1920er-Jahren in die USA ausgewanderte Wiener Juden, schicken eine Bürgschaftserklärung und erreichen, dass Leopoldi über Wien und Hamburg nach Amerika ausreisen kann.

In New York angekommen, küsst Hermann Leopoldi den amerikanischen Boden – und schafft auch in den USA einen kometenhaften Aufstieg. Er singt auf Deutsch, Englisch – obwohl er die Sprache nicht beherrscht – und in einer Sprache, die er Emigranto nannte, etwa im Lied:

„JO DO WÄR'S HALT GUAT, WENN MA ENGLISCH KENNT ... MEHR ALS NUR HOW DO YOU DO / DOCH SO LONG MA NUR SOGT: I CAN'T UNDERSTAND, DO GHÖRT MAN NET REALLY DAZUA / MIT EVENING SCHOOL, DO FING ES AN, ICH NAHM A ENGLISH LESSON / DOCH HAB ICH, WAS ICH EVENINGS KANN, BEIM BREAKFAST SCHON VERGESSEN."

Er tourt durch die Staaten und wird Teilhaber im „Alt Wien" in Manhattan East, 79. Straße, einem Lokal, in dem es österreichisch-böhmische Küche zum Wienerlied gibt. Sicher auch Powidltatschkerln. 1947 kehrt Leopoldi nach Österreich zurück. „Das Wienerlied ist heimgekehrt. Der Steffl ist zerstört, das Riesenrad notdürftigst geflickt, aber ein Stück echtes Wien ist unversehrt, Hermann Leopoldi spielt und singt!", jubeln die Zeitungen. Die vergangenen Jahre will man schnellstmöglich vergessen.
Das Lied von den Powidltatschkerln wird Kulturgut, nach Leopoldi intonieren es viele andere Sänger, aber die Leichtigkeit des begnadeten Klavierhumoristen Leopoldi blieb unerreicht. Was Leopoldi den Tatschkerln bescheinigte, gilt in hohem Maß für ihn selbst: „Denn so ein Tatschkerl, so eine powidales / das ist doch wirklich etwas Pyramidonales!"

POWIDLTATSCHKERL

—

(FÜR 4 PERSONEN)
700 g Kartoffeln, mehligkochend
1 Ei
200 g Mehl
200 g Powidl oder Pfaumenmus
3 EL Butter
5 EL Semmelbrösel
2–3 EL Zucker
Zimt

1. Kartoffeln ungeschält in etwa 25 Minuten garen, in einem Küchentuch ausdampfen lassen, schälen und durch die Kartoffelpresse drücken.
2. Ei und Mehl unterkneten, den Teig auswellen, Kreise ausstechen, je 2 TL Powidl daraufsetzen, Kreise zu Taschen schließen und in siedendem Wasser gar ziehen lassen, **bis die Tatschkerln an die Oberfläche kommen.**
3. Tatschkerln in heißer Butter, angerösteten Bröseln und Zimtzucker wenden.

FISH PIE

—

FÜR NIGELLA LAWSON – englischer Fernsehkochstar, sinnliche und wunderschöne Küchengöttin und Kochbuchautorin – ist Essen ganz einfach schiere Freude. „Freude, die wir auskosten sollten. Denn so viele freudvolle Momente gibt es im Leben nicht", sagte sie unlängst ernst. Lawson, die innerhalb kurzer Zeit erst die Mutter, dann die Schwester und dann ihren Mann an Krebs verlor, weiß, wovon sie spricht. Für Lawson ist Essen immer auch ein wenig Trost. Wie zum Beispiel Fish Pie, ein Gericht, das in England von Erwachsenen wie von Kindern innig geliebt wird. Fish Pie wird im Vereinigten Königreich tonnenweise als Tiefkühl-Fertiggericht verkauft, kann aber nicht im Ansatz mithalten mit unserer hausgemachten Version, die die Küche dann mit diesem lorbeertiefen, sahnig-sanften Wohlfühlduft erfüllt – und so viel Seelenfrieden schenkt.
Ich habe Fish Pie bei meiner Kochausbildung kennengelernt. Nach einer anstrengenden Prüfungswoche, nach der wir alle nur noch Nervenbündel waren, kochten wir unbenotet dieses Gericht. Das sich dann, als wir es aus dem Ofen zogen und in der Küche direkt aus der Auflaufform verspeisten, in seiner abgerundeten Freundlichkeit, seiner Schlumpfhauser Putzigkeit (die runden Bällchen aus

Kartoffelbrei! Die quietschgrünen Kullererbsen!) wie eine Kuscheldecke auf unsere noch aufgescheuchten Gemüter legte. Ich weiß noch, wie ich mit meinem Löffel eine der goldgelben, zart gebräunten Kartoffelkugeln anhob, zum Mund führte und am Gaumen zerdrückte, außen kross, innen wolkenweich und käsesatt. Und dann den Löffel hinein ins rosaweiße, grün getüpfelte Innenleben der heißen Fish Pie tauchte.

ALLEIN DER DUFT! GANZ MILD, NACH MEER, WÜRZIGEM LORBEER, SÜSSEN ERBSEN … UND WIE ICH DANN DIE HIMMLISCHE SAUCE KOSTETE, MILD, CREMIG, WEICH UND ARGLOS! EIN GERICHT, DAS AUS SCHIERER FREUNDLICHKEIT BESTEHT.

Wärmende Freundlichkeit, die wir bei kaltem Nieselwetter ja alle brauchen können. Oder wie Nigella Lawson sagt: „Es gibt Tage, da hilft nur etwas Warmes und Weiches, das auch noch mit Kartoffelbrei gekrönt ist. An genau solchen Tagen kann einen so eine Fish Pie vor Dankbarkeit und Freude fast zum Weinen bringen!"

FISH PIE

(FÜR 4 PERSONEN)
600–700 g mehligkochende Kartoffeln
60 g Butter fürs Püree + 30 g für die Roux
etwas geriebene Muskatnuss
¼ l Vollmilch
2 Lorbeerblätter
3–5 schwarze Pfefferkörner
ca. 250 g Kabeljau
ca. 250 g Lachs
eine Handvoll Garnelen
100 g TK-Erbsen
100 g Cheddarkäse
4 EL Mehl
1 Spritzer Weißwein
Salz
etwas Petersilie oder Dill oder beides

1. Topf mit Wasser aufsetzen, salzen, Kartoffeln schälen und vierteln, im Wasser zum Kochen bringen. Wenn sie weich sind, abgießen, durch die Kartoffelpresse drücken oder mit dem Kochlöffel zerstampfen. Butter zugeben, vorsichtig vermengen. Sparsam salzen, mit geriebener Muskatnuss würzen.
2. Die Milch in einer Pfanne mit Lorbeerblättern und Pfefferkörnern zum Kochen bringen, Fisch in mundgerechte Stücke schneiden, Temperatur herunterdrehen und den Fisch und die Garnelen ein paar Minuten simmern lassen. Fisch aus der Milch heben, beiseitestellen, Milch durch ein Sieb passieren, beiseitestellen.
3. Die Erbsen auftauen, indem man sie in einem Sieb mit heißem Wasser übergießt. Eine Auflaufform buttern, den Ofen auf 170 °C Umluft vorheizen.
4. Käse reiben.
5. In einer Pfanne die Butter für die Roux schmelzen, nicht bräunen lassen. Mehl in die Butter geben und unter ständigem Rühren etwas anrösten, langsam die noch warme Milch hinzugeben, **unter beständigem Rühren aufkochen, bis alles andickt,** etwas Weißwein dazugeben. 5 Minuten simmern lassen, bis sich eine dicke Sauce ergibt, salzen. Pfanne von der Flamme ziehen, Fischstücke, Erbsen und die Hälfte des geriebenen Käses hinzugeben, Petersilie und Dill grob hacken, einrühren, alles in die Auflaufform füllen.
6. Restlichen Käse ins Kartoffelpüree geben, Püree auf der Fischfüllung verstreichen oder als Tupfen mit einer Spritztülle dort aufsetzen. Im Ofen lassen, bis die Püreetupfen oder die Püreedecke golden ist.

ALIGOT

—

FAST BAUMLOS IST DAS AUBRAC, die einsame Hochebene im Zentralmassiv, über die der französische Jakobsweg führt. Der Wind fegt ungebremst über das weite Land, Wolken jagen über den grauen Himmel. Wenn wir heute vor der Spätherbst-Ungemütlichkeit in unsere beheizten Wohnungen fliehen, wie mag es einst den Jakobspilgern im Aubrac ergangen sein? Zumindest werden die frommen Reisenden innerlich jubiliert haben, wenn sie, vom Sturm durchgeschüttelt, ausgehungert und durchgefroren, in den Klöstern Unterschlupf fanden – und etwas Warmes zu essen. Die klassische Pilgerspeise im Aubrac war das Aligot, ein Püree, früher aus Brot und Brühe, heute aus Kartoffeln – und Käse.

BEREITS IM 12. JAHRHUNDERT FÖRDERTEN MÖNCHE AUF DEN ANHÖHEN DES AUBRAC DIE KÄSEHERSTELLUNG. DEN BITTERARMEN VIEHHIRTEN, DIE DIE KÜHE AUF DEN WINDIGEN WEIDEN VERSORGTEN UND DEREN MILCH ZU KÄSE MACHTEN, WAR ES DAMALS VERBOTEN, SELBST VON IHREM KÄSE ZU ESSEN. SIE BEREITETEN AUS BROT UND BRÜHE EINEN BREI – UND GABEN HEIMLICH KLEINE KÄSESTÜCKCHEN HINZU. SO ENTSTAND DAS ALIGOT. DER STÄRKENDE BROTBREI MIT KÄSE WURDE BALD SCHON VON DEN MÖNCHEN ZUR PILGERVERKÖSTIGUNG ÜBERNOMMEN.

Nach einer Reihe von Missernten im 18. Jahrhundert gab es keinen Weizen mehr und damit kein Brot. Das Volk litt Hunger. Bis der Pharmazeut und Agronom Antoine Augustin Parmentier 1769 seinen Landsleuten in einer Abhandlung die Kartoffel ans Herz legte (auf Deutsch 1779 als „Die Kunst, Brod aus Erdäpffeln zu backen ohne Vermischung mit irgend einem Getraidemehl" erschienen). Recht unwillig wich man auf die seltsame Knolle aus. Doch bald kam man auf den Geschmack und liebte die Kartoffel innig. Und bereitete von nun an das Aligot aus gekochten, gestampften Kartoffeln zu anstatt mit Brot.

So entstand es, das Aligot de pommes de terre, das weichste, cremigste, köstlichste Kartoffelpüree, das man sich nur vorstellen kann. Ein Kartoffelbrei, der mit etwas Knoblauch, einem Batzen Butter, ordentlich viel Crème fraîche und einer sündigen Menge an Käse angereichert ist. Auch heute noch sieht man in Frankreich auf Straßenfesten oder Märkten riesige Töpfe, gefüllt mit Aligot. Und Männer und Frauen, die mit großen Holzlöffeln daraus das Aligot schöpfen und den köstlichen Brei lange Käsefäden ziehen lassen. So viel Käse, dass der Brei wie ein himmlisches Band vom Topf aus zum Löffel hinaufzuwachsen scheint, eine Jakobsleiter aus Kartoffeln und Käse. Nahrung für Körper und Seele.

ALIGOT

(FÜR 4 PERSONEN)
500 g Kartoffeln (mehligkochend)
200–250 g Käse, typisch ist Tome fraîche de l'Aubrac, den man hierzulande nicht so einfach bekommt. Im Aligot schmeckt aber auch jeder andere Bergkäse wunderbar.
½ Knoblauchzehe
40 g Butter
100 g Crème fraîche

1. Kartoffeln ungeschält kochen, bis sie weich sind, ausdampfen lassen.
2. Käse von der Rinde befreien, in sehr feine Scheiben schneiden – **so macht man es in Frankreich. Man kann aber auch raspeln.**
3. Topf mit einer halbierten Knoblauchzehe ausreiben.
4. Kartoffeln schälen und durch die Kartoffelpresse in den Topf drücken oder fein stampfen. Bitte nicht im Mixer oder mit dem Pürierstab pürieren, davon wird der flaumige Kartoffelschnee kleisterartig!
5. Bei sanfter Hitze unter ständigem Rühren Butter, Crème fraîche und nach und nach den Käse ins Püree einarbeiten. Perfekt ist das Aligot, wenn es weich und seidig ist und Fäden zieht. Nach Bedarf mit Salz abschmecken. Dazu passt ein grüner Salat – oder eine Lammbratwurst.

IM WINTER BLEIBT MAN GERN DAHEIM, WÄRMT SICH MIT ZWIEBELSUPPE, FALTET TEIGTÄSCHCHEN. ODER ERFREUT SICH AN EINEM GERMKNÖDEL IM VANILLE-SAUCENSEE.

WINTER

GONG BAO JI DING — CHINESISCHES PALASTHÜHNCHEN

Kreidestaub an den Fingern, eine ungemütliche Kälte, die einen auch in den Seminarräumen den Mantel anbehalten ließ. Im Zimmer für die Dozenten war ständig der Heißwasserautomat leer, sodass man den grünen Tee oder den Nescafé mit halb heißem Wasser bereiten musste. Alles war lauwarm bis klamm bis freudlos in diesem Shanghaier Dezember. Alles nervte: das Schlangenblut auf den Gehsteigen, wenn Markttag war, der graue Himmel, der Smog, die unangenehme Feuchtigkeit der Luft, die dünne Plastikfolie, die auf den Tischen der Lehrerkantine ausgelegt war und einem am Handgelenk klebte und wie ein Schleier umfing, wenn man mit den Stäbchen in der Hand Richtung Tischmitte langte, um sich Huhn oder Gemüse aus den Schalen zu nehmen.

Das Jahr ging seinem Ende zu, alle waren erschöpft und gereizt, ich ließ in meiner Wohnung im Dozentenwohnheim Weihnachtsmusik laufen und sehnte mich nach adventlicher Innerlichkeit, Weihnachtsgeheimnis und kommender Pracht. Aber Weihnachtsstimmung stellte sich nicht ein, mir war nur kalt und verdrießlich beim Korrigieren der Klausuren.

Die Einladung zum Essen kam per Telefon, eine chinesische Kollegin hatte Geburtstag und lud ein paar Freunde zum Essen ein – in ein besonders schönes, altes Restaurant, wie sie sagte. Ich freute mich auf die Abwechslung und machte mich ein paar Tage später per Bus auf in die Innenstadt. Ging erst durch Menschenmengen, dann durch ruhigere Straßen zur angegebenen Adresse, einem altem Haus, vor dem schon meine Kolleginnen und Kollegen standen und warteten.

Wir betraten das Gebäude und kamen in einen Vorraum, der von runden Laternen in einen roten Schimmer getaucht war. Lautlos trat eine Rezeptionistin aus dem Dunkel, gewandet in einen seidenen Qipao, dieses knöchellange, geschlitzte festliche Kleid, das an der Schulter mit Knöpfen geschlossen wird. Sie nahm uns die Mäntel ab und bedeutete uns, ihr zu folgen. Der dunkle Gang führte um eine Ecke und endete vor einer Tür, die nun wie von Zauberhand aufging.

MIR STOCKTE DER ATEM, ES WAR WIE EIN GONGSCHLAG: EIN GASTRAUM WIE EIN PALAST! SCHWARZES HOLZ MIT GOLDENEN SCHRIFTZEICHEN, RIESIGE STOFFBESPANNTE ROTE LAMPEN, DIE WIE STALAKTITEN VON DER DECKE HINGEN, PRÄCHTIGE WANDGEMÄLDE, KALLIGRAFIEN, ÜPPIGE QUASTEN, GOLDENE DRACHEN UND JADEBUDDHAS. SCHWARZE LACKSTÜHLE UND RUNDE TISCHE. LEISES GEMURMEL, KÖSTLICHER ESSENSDUFT!

Es war überwältigend, eine Zeitreise in ein Shanghai der 1920er-Jahre, es fehlten nur Opiumpfeifen. Und dann kam das Gericht, das mein chinesisches Lieblingsessen werden sollte, für immer (die Mutter meiner Kollegin würde es mir ein paar Wochen später in ihrer winzigen Wohnung beibringen, was ich damals noch nicht wusste. Auch nicht, wie sehr ich China und Shanghai einmal lieben würde): Gong Bao Ji Ding, Palasthühnchen! Auf einer festlichen Platte gereicht, in der Mitte des Tisches abgestellt, weiche Hühnchenwürfel und der Biss von Erdnüssen, in chilischarfer und süßsäuerlicher, würziger, goldbrauner Sauce, darin süße Frühlingszwiebeln und feurig-fruchtiger Ingwer.
Und dazwischen wie Perlen aus purem Geschmack die Szechuanpfefferkörner: scharf, doch voller Aroma, zitronig, balsamisch, anisartig. Betäubend und fremd und märchenhaft. Die Stäbchen waren aus Ebenholz, als ich mir damit den ersten Bissen vom Palasthühnchen zum Mund geführt hatte, schloss ich die Augen, so überwältigt war ich. Es war ein betörendes Mahl, ein der Wirklichkeit enthobener Abend. Der mir, auch für später, klarmachte, wie wichtig das Feiern doch ist. Die Pracht und die Freude. Auch – und vor allem – in grauer Zeit.

GONG BAO JI DING — CHINESISCHES PALASTHÜHNCHEN

(FÜR 4 PERSONEN)
2–3 Hähnchenbrustfilets, ca. 500 g
2–4 kleine getrocknete Chilischoten
3 Knoblauchzehen
1 daumengroßes Stück Ingwer
6–8 Frühlingszwiebeln
2 EL Sonnenblumen- oder Erdnussöl
1 TL Szechuanpfeffer
90 g Erdnüsse, geröstet und gesalzen

MARINADE:
1 EL Sojasauce
1 EL Shaoxing-Wein (chinesischer Reiswein, aus dem Asialaden)
1 EL Wasser oder Hühnerbrühe
1 TL Stärke
½ – 1 TL Salz, probieren und abschmecken, hängt vom Salzgehalt der verwendeten Sojasauce ab

SAUCE:
1 EL Zucker
2 EL Sojasauce
2 EL Chinkiang-Essig (dunkler, herbsüßer chinesischer Reisessig, aus dem Asialaden)
1 EL Sesamöl
2 EL Wasser oder Hühnerbrühe
1 TL Stärke

1. Hähnchenbrustfilets in gleichmäßige Würfel von etwa 2 cm Kantenlänge schneiden, sie sollten mit Stäbchen gut zu essen sein.
2. **Für die Marinade** die Zutaten gut verrühren, Hühnerwürfel in die Marinade geben. **Für die Sauce** die Zutaten gut verrühren.
3. Von den getrockneten Chilis den Stielansatz herausdrehen, die Schoten mit dem Finger drücken, sodass die Kerne herausfallen. Die kernfreien Schoten in sehr feine Streifen schneiden, **eventuell einen der Streifen probieren, um die Schärfe zu testen, dann entscheiden, wie viel man vom Chili verwenden möchte, je nach Schärfewunsch.**
4. Knoblauchzehen und Ingwer schälen, beides sehr fein schneiden oder raspeln.
5. Frühlingszwiebeln putzen, in etwa 1 cm lange Stücke schneiden.
6. Öl im Wok oder einer Pfanne stark erhitzen, Chilis und Szechuanpfeffer hineingeben, ein paar Sekunden erhitzen, bis sie zu duften beginnen, auf keinen Fall verbrennen lassen. Dann das Hühnerfleisch samt Marinade zugeben, sofort rühren (stir-fry).
7. Knoblauch, Ingwer und Frühlingszwiebeln dazugeben, weiterhin beständig rühren.
8. Sauce hinzufügen, rühren.
9. Hat sich nach wenigen Minuten alles gut miteinander verbunden, Erdnüsse dazugeben. Sofort servieren. Zum Gericht gehört unbedingt Reis.

HIRSCHGULASCH

VOR EINIGEN JAHREN war ich im Dezember mit Freundinnen für ein Wochenende im tschechischen Westböhmen im Bäderdreieck, mein Vater und meine Großeltern stammen aus der Gegend. Wir kamen am späten Abend in Marienbad, tschechisch Mariánské Lázně, an. Und waren entzückt, als wir am nächsten Morgen aus dem Hotelfenster sahen: Es hatte geschneit über Nacht! Die ohnehin wunderschöne, verspielte Zuckerbäckerarchitektur des barocken Kurortes war jetzt in blendendem Weiß wie von Sahnehäubchen betupft und von Puderzucker bestäubt. In der Wandelhalle tranken wir aus den typischen Schnabelbechern das heiße Heilwasser, dessen Dampf in die eiskalte klare Winterluft aufstieg. Ich wusste, dass solche heißen Schwefelquellen hier überall waren, das hatte uns unser Vater erzählt, sie gluckerten im Waldboden, am Rande von Bächen. Auch in Sangerberg, heute Prameny, dem Örtchen, aus dem mein Vater kam, sprudelte am Ortseingang eine solche eisenhaltige Quelle im Schwefeldampf, der Boden rund um die Quelle war mit einer rostroten Schicht überzogen.
Wir beschlossen, von Marienbad nach Sangerberg zu fahren, das ungefähr zwanzig Autominuten von Marienbad entfernt sein sollte. Auf der Fahrt gab ich ein paar von den Geschichten meines Vaters wieder, die immer heiter begannen und eine jähe Wendung ins Groteske und Unheilvolle nahmen. Und sich allesamt hier, im Kaiserwald abspielten, durch den wir gerade fuhren. In den Geschichten gab es sprechende Tiere zu den Raunächten, Moormännchen und Hexen, die Kinder entführten. Und es gab den Zamperer, eine weiß gekleidete Männergestalt mit einem Spechtschnabel im Gesicht, der eine Sichel und ein Messer bei sich trug. Er lebte in den Büschen und Bäumen des Kaiserwaldes und man musste ihn jedes Jahr an Heiligabend mit den Resten des Weihnachtsessens milde stimmen. Einen anderen Weihnachtsbrauch gab es noch: Man teilte nach dem Essen einen Apfel mit einem Messer in die Anzahl der Gäste. Man war gehalten, sein Apfelstück bewusst zu genießen. Denn wenn man sich einmal verirren sollte, brauchte man sich nur an diesen Heiligabend-Apfel erinnern, dann fände man wieder auf den richtigen Weg. Wurde allerdings ein Kern durchschnitten, hieß dies, es würde einen Todesfall geben.

WIR FUHREN JETZT LANGSAM AUF DER KLEINEN VEREISTEN STRASSE DURCH DIESE TIEF VERSCHNEITE MÄRCHENLANDSCHAFT, DURCH DEN WALD, DER IN SCHNEE UND EIS GLITZERTE. BALD WUSSTEN WIR NICHT MEHR, WO WIR WAREN, DAS NAVIGATIONSGERÄT ZEIGTE SCHON LANGE NICHTS MEHR AN. HÄTTEN WIR DOCH IM VORIGEN JAHR EINEN WEIHNACHTSAPFEL GETEILT! DOCH AUF EINMAL LICHTETEN SICH DIE HOHEN BÄUME ETWAS UND MAN SAH, MITTEN IM WALD, EIN WUNDERSCHÖNES HOLZHÄUSCHEN STEHEN.

Ein kleiner Gasthof im weißen, eisigen Nirgendwo, mit bunten Fensterläden und Butzenscheiben. Aus dem Schornstein auf dem Dach stieg weißer Rauch in den strahlend blauen Himmel wie aus dem Mund eines freundlichen, hölzernen Räuchermännchens. Wir parkten im knirschenden Schnee, betraten die kleine Wirtsstube und ließen uns auf einer Eckbank in der Wärme nieder, die aus dem offenen Kamin mit dem tanzenden Feuer kam. An den Wänden hingen Hirschgeweihe und ausgestopfte Fasane, der Kaiserwald war immer ein beliebtes Jagdrevier böhmischer Fürsten gewesen. Und so bestellten wir alle ein Hirschgulasch, herrlich sämig, mit Lorbeer und Wacholder gewürzt, es schmeckte nach Wald und Winter. Wir tranken tschechisches Bier dazu und danach einen heißen Becherovka, den berühmten Karlsbader Kräuterlikör.
Und ich erinnere mich heute noch an diesen köstlichen Geschmack, wenn ich an diesen Vorweihnachtstag denke, an den verschneiten Zauberwald. Dieses unerwartete, warme, gastliche Holzhäuschen im eisigen Nirgendwo, in dem uns ein Gulasch serviert worden ist, so köstlich, dass rein gar nichts für irgendwelche Zamperer, die es da draußen gab oder nicht, übrig geblieben ist.

HIRSCHGULASCH

—

(FÜR 4 PERSONEN)
4 Zwiebeln
2 Karotten
1 kg Hirschfleisch, am besten direkt von einem Jäger gekauft
2 EL Butterschmalz
1 – 2 EL Tomatenmark
200 ml Rotwein
½ l Wildfond
2 Lorbeerblätter
4 Pimentkörner
4 Wacholderbeeren
1 kleiner Schuss Rotweinessig
etwas Schokolade, ca. 10 g
100 g Sahne
Salz, Pfeffer
etwas frische Petersilie

1. Zwiebeln schälen und in feine Ringe schneiden, Karotten schälen, in Würfel schneiden. Dann das Fleisch in etwa 3 × 3 cm große Würfel schneiden.
2. Butterschmalz in einem schweren Topf erhitzen, Fleisch darin anbraten. Dann die Karotten zugeben, dann die Zwiebeln. **Anbraten – aber Vorsicht, die Zwiebeln sollen nicht bräunen, sondern eine goldene Farbe annehmen.**
3. Tomatenmark einrühren, sanft anbraten lassen, dann alles mit dem Rotwein ablöschen, dann mit dem Wildfond aufgießen, Lorbeer, Piment und Wacholder in einen Teebeutel füllen, diesen zudrehen, Beutel in die Brühe legen. So muss man später die Gewürze nicht mühsam aus dem Gulasch herausfischen. Den Schuss Rotweinessig hinzugeben, dann etwa 1 ½ Stunden bei geschlossenem Deckel und kleiner Hitze schmoren lassen, ab und zu umrühren.
4. Zum Schluss das Gewürzsäckchen entfernen, die Schokolade dazugeben, einrühren, dann die Sahne. Mit Salz und Pfeffer abschmecken, dann mit Petersilie dekorieren. **Zum Gulasch passen Rosen- oder Rotkohl, Bandnudeln, Servietten- oder Semmelknödel.**

ZWIEBELSUPPE _MIT STERNANIS

DER DUFT VON GLÜHWEIN und gebrannten Mandeln, wärmendes Gedränge und fröhliches Geschiebe um den Würstchenstand und um die Buden, die Kartoffelpuffer und Schupfnudeln verkaufen. Ich habe den Weihnachtsmarkt meiner Heimatstadt immer schon heiß und innig geliebt. Vor allem das abendliche Engel-Singen, bei dem aus den sich langsam öffnenden Rathausfenstern wie in einem riesigen belebten Adventskalender Engel zur Balustrade schreiten und musizieren. Ich dachte als Kind, die Engel seien wirklich echt. Und überall die wunderschönen, leuchtenden Sterne in der Stadt!

Auch in meiner Küche gibt es Sterne, besonders im Winter, kleine, duftende Sterne mit acht Zacken: Sternanis, eines der schönsten Gewürze, das es gibt. Das wunderbar weihnachtlich schmeckt, mit süßem, intensivem Aroma, leicht kampferig, ein klein wenig bitter und herrlich anisartig durch das enthaltene Anethol. Sternanis ist botanisch nicht mit Anis verwandt, sondern die Frucht einer immergrünen Magnolienart aus China.

Der Sternanis ist in der chinesischen Küche sehr beliebt, er kam zwar vor knapp 800 Jahren nach Europa, wo man aber lange nicht wusste, wie er zu verwenden war. Erst seit dem 18. Jahrhundert setzte er sich als Gewürz für vornehmlich Süßes durch,

aus Lebkuchen ist er nicht wegzudenken. Viel zu selten wird er aber hierzulande für deftige Speisen benutzt. In China ist er in der klassischen chinesischen Fünf-Gewürze-Mischung neben Szechuanpfeffer, Fenchelsamen, Nelke und Zimt unverzichtbar.

STERNANIS EIGNET SICH SEHR GUT FÜR SCHMORGERICHTE, WEIL DIE HARTE, HOLZIGE FRUCHT IHRE AROMEN LANGSAM UND INTENSIV ABGIBT.

Und wunderbar schmeckt Sternanis in einer Zwiebelsuppe, bei der er, gemeinsam mit den Zwiebeln karamellisiert, dem Gericht eine herzhafte Würze verleiht. Der vegetarischen Zwiebelsuppe eine ganz ungewöhnliche Dichte, fast Fleischigkeit gibt. Und überhaupt passt der Sternanis wunderbar in die kalte Jahreszeit: Sein ätherisches Öl Anethol gilt als Hustenlöser und als Halswehstiller. Und Anethol macht gehaltvolle Gerichte bekömmlicher. Gut bei dieser Zwiebelsuppe, die ja mit großen Käsemengen gekrönt wird. Steht sie dann vor einem, diese Suppe, und hebt man diese Haube aus heißem, schmelzendem Gruèyre auf einem Röstbrot an, dann entsteigt der Suppenschale ein Dampfschwall mit süß-pikantem Duft, wie aus den Buden auf dem Weihnachtsmarkt: würzig, weihnachtlich und warm.

ZWIEBELSUPPE _MIT STERNANIS

(FÜR 4 PERSONEN)
600–800 g Zwiebeln oder Schalotten
50 g Butter
2 Sternanis
200 ml Weißwein
1 l Gemüsebrühe
1 Lorbeerblatt
4 Pimentkörner
3 Zweige Thymian
Salz, Pfeffer
12 Scheiben Baguette
etwas Dijon-Senf
150 g Gruyère

1. Zwiebeln oder Schalotten schälen und in dünne Scheiben schneiden. Butter in einem Topf zerlassen, Zwiebeln mit dem Sternanis bei geringer Hitze in 10 bis 15 Minuten goldgelb karamellisieren lassen. **Die Zwiebeln sollen keinesfalls bräunen!**
2. Weißwein und Brühe dazugeben, alles aufkochen lassen und Lorbeer, Piment und Thymian hinzufügen. Zugedeckt 20 Minuten leise köcheln lassen.
3. Baguettescheiben im Backofen anrösten. Käse grob reiben.
4. Aus der Suppe Sternanis, Lorbeer, Piment und Thymian entfernen. Suppe mit Salz und Pfeffer abschmecken und in 4 hitzebeständige Schalen füllen.
5. Geröstetes Baguette dünn mit Dijon-Senf bestreichen, je 3 Scheiben auf jede Suppe legen. Großzügig mit Käse bestreuen. Schalen in den Ofen stellen und den Käse golden gratinieren.

KÖNIGINPASTETEN — MIT KALBSRAGOUT

KÖNIGINPASTETEN, gefüllt mit Kalbsragout, in samtiger Sauce, serviert in buttrigem Blätterteig. Es ist das Lieblingsgericht der ganzen Familie, das es bei uns ausschließlich Heiligabend gibt. Früher hatte es Karpfen gegeben, von der Oma gekocht. Doch dann wurden wir immer mehr, vier Kinder in zwei Jahren, ein Zwillingspaar war dabei, wir waren zu acht mit unseren Großeltern, die mit im Haus lebten. Meine beiden Tanten kamen auch an Heiligabend, sowie die Oma mütterlicherseits, noch eine weitere Tante mit ihrem Mann und eine uralte Lehrerin, das Fräulein G. Sie war aber so winzig und verhutzelt, dass sie zumindest kaum Platz wegnahm. Dafür umso mehr der breitschultrige Darrel, ein Eishockeyspieler aus Kanada, dem unsere geschäftstüchtige Oma für die Saison ein Zimmer vermietet hatte und der auch nicht alleine feiern sollte. Nach diesem Abend mit 15 Menschen sagte Oma meiner Mutter, dass sie Heiligabend nicht mehr kochen würde. Es sei zu viel. Erst einmal die Wäsche, die nach einem alten Egerländer Brauch in der Weihnachtsnacht nicht hängen durfte, weil das Unheil hineinführe. Dann die ständig wachsende Menge an Gästen und Familienmitgliedern! Die Vorbereitungen würden ausufern – und immer stärker mit einem anderen Brauch kollidierten: dem Egerländer Heiligabend. Da waren nur reine Egerländer zugelassen, Halb-Egerländer wie wir Kinder nicht. Nur mein Vater wurde in die Einliegerwohnung unserer Großeltern gebeten. Jedes Jahr vor der Bescherung schloss sich die Türe hinter ihm. Die Rollläden waren herabgelassen, zum Schutz vor bösen Mächten. Eine Viertelstunde saß mein Vater mit seinen Eltern in tiefer Dunkelheit beisammen, die nur von den bunten Lichterchen des Miniplastikweihnachtsbaums zuckend erhellt wurde. Feierlich aß man Stollen und Kartoffelsalat nach Egerländer Rezeptur. Kurz darauf kamen die drei wieder zu uns anderen in die Küche, wo wir auf das Klingeln des Christkindes aus dem Wohnzimmer warteten. Und die Oma schaute noch einmal nach dem Karpfen.

WAS SIE JA VON NUN AN NICHT MEHR TUN WOLLTE. WAS ALSO SOLLTE GESCHEHEN? UNSERE TANTE, EINE HERVORRAGENDE KÖCHIN, SPRANG EIN: SIE WÜRDE ZUKÜNFTIG BEI SICH ZU HAUSE EIN KALBSRAGOUT KOCHEN UND ES MITBRINGEN, WIR MÜSSTEN NUR NOCH DIE PASTETEN BEIM KONDITOR HOLEN.

Regelmäßig wurde vergessen, die Pasteten zu bestellen, regelmäßig wurden am Vormittag des 24. Dezembers unter Panik, Schuldzuweisungen und Zähneklappern alle Bäckereien und Konditoreien angerufen und um Pasteten-Restbestände angefleht. Doch beim Essen war dann alles wieder gut. Dann war Weihnachten.

Bis unsere Tante leider viel zu früh starb und ich einspringen musste. Sie hatte immer ohne Rezept gekocht, ich musste experimentieren. Im ersten Jahr war das Ergebnis schauderhaft, im nächsten Jahr immer noch. Millimeterweise näherte ich mich über die Jahre dem wundervollen Geschmack unserer Kindheit an, machte den Fond selbst, gab Kapern bei und Worcestersauce, knetete Mehlteiglein. War irgendwann ganz nahe dran, doch niemals ganz.

Und lernte, Jahre später, bei meiner Kochausbildung am Le Cordon Bleu, eine Blanquette de Veau zu kochen, ein Kalbsragout. Ich gab noch ein paar fein gewiegte Kaperchen hinein und Worcestersauce, die wir nicht benutzen sollten. Das war es! Merkte ich beim Probieren, heureka! Der Code war jetzt geknackt! „Mais non, c'est ne pas une blanquette! C'est trop acide, zu sauer!", sagte unser Chefkoch Loïc, als er kostete. Doch für mich war's der Geschmack von Weihnachten und Kindheit. Und damit das beste Essen der Welt.

KÖNIGINPASTETEN — MIT KALBSRAGOUT

(FÜR 4 PERSONEN)

1 kg Kalbfleisch, am besten aus der Keule

2 EL Butterschmalz oder Sonnenblumenöl (1 EL für das Fleisch, 1 EL für das Gemüse)

1 Möhre

1 kleine oder ½ große Petersilienwurzel

1 Schalotte

1 ca. 6–8 cm langes Stück Lauch

800 ml Kalbsfond

1 Lorbeerblatt

3 Wacholderbeeren

4 Pimentkörner

40 g Mehl

20 g Butter

1 EL feine Kapern (Nonpareilles)

ca. 150–200 ml Weißwein

150 g Schlagsahne

1 Eigelb

8 Königinpasteten, am besten aus der Konditorei

1 EL Zitronensaft

Worcestersauce

weißer Pfeffer, gemahlen

Salz

Zucker

2–3 Zweige Petersilie

1. Das Fleisch von etwaigem Fett und Sehnen befreien und in mundgerechte Würfel schneiden. Butterschmalz in einen großen Topf geben, Kalbfleischwürfel ein paar Minuten sanft anbraten, aus dem Topf nehmen, beiseitestellen.
2. Möhre, Petersilienwurzel, Schalotte schälen und in sehr kleine Würfel schneiden, Lauch halbieren, längs in Streifen, diese dann quer in kleine Rechtecke schneiden. Etwas Butterschmalz zu dem im großen Topf verbliebenen Bratensaft geben, das Gemüse darin andünsten, dann das Fleisch zugeben, mit dem Kalbsfond angießen, Lorbeer, Wacholder und Piment in einen Teebeutel geben, den man oben zudreht **(oder mit Küchengarn verschließt)**, alles etwa 1 Stunde köcheln lassen.
3. Mehl mit Butter zu einem homogenen Mehlteiglein verkneten, kühl stellen.
4. Kapern sehr fein hacken, fast pastenartig, in den Topf zum Fleisch und Gemüse geben, ebenso wie den Wein, weiter köcheln lassen. Vom Mehlteiglein Scheiben abschneiden und bei ständigem Rühren und jetzt größerer Hitze ebenfalls dazugeben, bis die Sauce bindet. Fortfahren, bis die gewünschte Konsistenz erreicht ist.
5. Hitze nun stark reduzieren, das Kalbsragout soll jetzt nicht mehr köcheln. Nachdem das Ragout etwas abgekühlt ist, die Sahne mit dem Ei gut verquirlen, zum Ragout geben, rasch und gut einrühren.
6. Backofen auf 180 °C Umluft vorheizen, Blätterteigpasteten im Backofen heiß und knusprig werden lassen, bis sie fein buttrig duften.
7. Das Ragout mit Zitronensaft, Worcestersauce, weißem Pfeffer, Salz und etwas Zucker abschmecken. Die Blätter von 1 – 2 Zweigen Petersilie abzupfen und sehr fein hacken, unters Ragout mischen. Die Blätterteigpasteten jeweils auf einen Teller geben, mit Ragout füllen, mit etwas gehackter Petersilie bestreuen, Deckelchen aufsetzen und sofort servieren. Dazu passt ein gemischter Salat.

BLINI — MIT KAVIAR

BLINI, so weich und „üppig wie die Schulter eines Kaufmannstöchterchens", schrieb Anton Tschechow, der ein begeisterter Verehrer der kissenweichen Buchweizenhefepfannküchlein war. Meine ersten Blini aß ich, als ich noch Studentin war: Ich war mit zwei Russinnen befreundet, Evgenia und Natalia, sie fuhren über die Weihnachtstage nach Moskau, zu ihren Familien.

UND ALS SIE WIEDER ZURÜCKKAMEN, BRACHTEN SIE KAVIAR MIT, EIN WINZIGES DÖSCHEN, AUFWÄNDIG VERPACKT, SIE ÜBERREICHTEN ES MIR ALS WEIHNACHTSGESCHENK.

Am Silvesterabend aßen wir den Kaviar, mit ebenjenen Blini. Diese Blini machten mich ganz glückselig, so köstlich waren sie! Buttrig und flaumig wie frisch gefallener Schnee, leicht nussig durch das Buchweizenmehl. Und dazu der kühle, sahnige Sauerrahm, frischer Dill – und der salzige, schwarzperlige Kaviar, der in einem Glasschälchen auf Eiswürfeln thronte. Ich fühlte mich wie in einem Film, es war das luxuriöseste Mahl, das ich bis dahin gegessen hatte. Oder wie in einem Roman: Ich las zu der Zeit gerade Michail Bulgakows „Der Meister und Margarita", die beiden Russinnen hatten ihn mir ans Herz gelegt. Es ist eines der absonderlichsten Bücher, das ich kenne, man kann in ihm versinken wie in einer an-

deren Wirklichkeit. In Russland gibt es heiß glühende Bulgakow-Verehrer, die den Roman Wort für Wort auswendig können.
Im Buch spaziert der Teufel höchstpersönlich durch Moskau, getarnt als Professor Voland, ein Experte für schwarze Magie. Gemeinsam mit dem riesenhaften schwarzen Kater Behemoth mischt er die Stadt aufs Surrealste auf, bis er mit der schönen Margarita per Flugsalbe zu einem Hexensabbat fliegt, einem rauschenden Fest. Ein wenig so fühlte ich mich bei diesem Festessen mit den beiden Russinnen, dem Kaviar und den Blini, die in Russland fast ein Nationalheiligtum sind und mit vielen Ritualen befrachtet sind: So gibt mancher Koch oder manche Köchin bei Mondschein ein wenig Schnee in den Teig – oder wartet mit dem Vorteig, bis die Sterne am Himmel erschienen sind. Aber auch nach unserem Rezept werden diese Blini, belegt mit schwarzem und rotem Kaviar und mit Lachs, Sie verzaubern. Und sie passen damit ganz wunderbar in diese magische Zeit zwischen den Jahren, zu den Raunächten, von denen man sagt, dass dann den Tieren das Wunder der Sprache vergönnt ist. Wie Behemoth, dem beredten Moskauer Kater.

BLINI — MIT KAVIAR

(FÜR 4 PERSONEN)
200 g Weizenmehl
100 g Buchweizenmehl
300 ml Milch
10 g frische Hefe
1 TL Zucker
50 g Butter + Butter zum Ausbacken der Blini
2 Eier
1 TL Salz
200 ml Crème fraîche

ZUM BELEGEN:
Saiblingskaviar, Kaviar, Räucherlachs

ZUM DEKORIEREN:
Schnittlauch, Dill, Zitrone

1. Die beiden Mehlsorten gut miteinander vermischen, dann die Milch erwärmen, nicht zu heiß werden lassen.
2. Die Hefe in die warme Milch krümeln, Zucker zugeben und 2 EL von der Mehlmischung. **Alles gut miteinander verrühren,** den Vorteig mit einem Geschirrtuch abdecken und 20 Minuten gehen lassen.
3. Die Butter schmelzen lassen und mit den Eiern, dem Rest der Mehlmischung und dem Salz zum Vorteig geben, mit den Knethaken des Handrührgerätes gut verkneten. Teig mit einem Geschirrtuch abdecken und 40 Minuten gehen lassen.
4. In einer Pfanne Butter schmelzen lassen und mit einem Esslöffel kleine Teigportionen hineingeben und ausbacken.
5. Blini mit schwarzem oder rotem Kaviar oder mit Lachs auf Crème fraîche und etwas Dill oder Schnittlauch und Zitrone servieren.

SELLERIEKUCHEN

—

EINE FREUNDIN hatte uns aus der Schweiz ein Paket mit Raclettekäse für Silvester geschickt. Köstlichster Käse! Mit Chili, mit Knoblauch, mit Trüffel, geräuchert und mit grünem Pfeffer. Und so viel, dass ich wusste, was nach dem Gelage zu tun wäre: fasten. Ab dem ersten Januar verordnete ich mir eine Selleriesaftkur, fünf Tage lang wollte ich nichts anderes zu mir nehmen als frisch gepressten Selleriesaft. Ich wuchtete das Käsepaket in den Kühlschrank zu den Batterien aus Cornichon- und Silberzwiebelgläsern und fuhr los, um am letzten Tag des Jahres frischen Staudensellerie zu kaufen. Ich kaufte, was ich kriegen konnte, und kehrte mit schweren Armen und großen Tüten voller Sellerie zurück.

Einmal noch schlemmen, diesen einen Abend noch baden im Glück – und dann: fasten, cleansen, Neujahrsputz im Lebenshaus! Ich freute mich schon darauf, fühlte mich allein beim Gedanken an die kommende Saftkur geistig geläutert, fit und innerlich gereinigt. Und aalte mich dann begeistert in den Käsefluten am Silvesterabend. Ich beschickte die Pfännchen im Akkord, hatte keine Zeit mehr für Cornichons und Silberzwiebeln, kam kaum noch zum Zerdrücken der Kartoffeln, denn im Minutentakt war wieder ein Pfännchen fertig, warf sich geschmolzener Käse zart gebräunt in üppig runden Blasen. Und das Beste war: Das Schlemmen war von keinem inneren Zeigefinger begleitet! Ich wusste ja, am nächsten Morgen ginge sie los, die leuchtend grüne, ätherisch reine Saftaskese.

Und so war es auch: Den ersten Morgen schaffte ich wie eine Eins, mittags war ich vom Putzen meines Entsafters aber schon gelangweilt. Und abends ging ich brüllend hungrig und extrem gereizt ins Bett. Am zweiten Januarmorgen machte mich der Anblick der Saftmaschine aggressiv, zu Mittag dann ganz depressiv. Und am frühen Abend strich ich dann die Segel: Um 18 Uhr am 2. Januar hatte ich ausgefastet.

Und wich auf ein anderes Gericht aus, ohne den Kurgedanken zu verraten und den Staudensellerie, der immer noch in Riesenmengen grün und frisch in meinem Kühlschrank lagerte: Ich buk einen Selleriekuchen, eine italienische Torta di Sedano. Die optisch an eine Quiche erinnert, aber ein vollkommen anderes Gericht ist als ihre speckig-rustikale Verwandte. Nämlich rank und schlank und elegant, frisch und leicht, statt prall und wuchtig.

UNMENGEN BLANCHIERTER SELLERIE IN PARMESAN UND EI AUF EINEM HAUCHDÜNNEN TEIG, DESSEN AUFGABE NICHT DAS KALORIENLIEFERN, SONDERN DAS ZUSAMMENHALTEN DER VOM BLANCHIEREN IRISIEREND-GRÜNEN PRACHT IST, DIE DANN BEIM BACKEN GOLDEN WIRD, GETÜPFELT VOM ROT DER ZWIEBELWÜRFELCHEN.

Mit fast einem Kilo verwendetem Sellerie ist diese Torta tatsächlich nahezu eine Saftkur, nur im veränderten Aggregatzustand.
Für noch mehr Sellerie-Boost habe ich leicht angeröstete und angemörserte Selleriesamen, die ich noch im Gewürzschrank hatte – süßlich, zartbitter, sanft scharf und unwahrscheinlich würzig – in die Füllung gegeben. Und habe mit großer Freude, neujährlicher Achtsamkeit und deutlich angeläutert den köstlichen, leichten, fast fruchtigen Selleriekuchen verspeist, der sich übrigens auch hervorragend kalt essen lässt. Am nächsten Morgen habe ich meine Saftzentrifuge wieder ganz unten im Küchenschrank verstaut, vollkommen mit mir im Reinen. Happy New Year!

SELLERIEKUCHEN

—

(FÜR 4 PERSONEN UND EINE TARTE- ODER SPRINGFORM MIT 28 CM DURCHMESSER)
200 g Weizenmehl
60 g Butter + Butter zum Ausstreichen der Tarteform
125 ml Wasser
1 TL Salz + 2 TL Salz für das Sellerie-Kochwasser
800 g Staudensellerie
2 rote Zwiebeln
100 g Sahne
7 Eier
100 g Parmesan, frisch gerieben
100 g Ziegengouda, frisch gerieben
Saft von ½ Zitrone
1 EL Selleriesamen (wenn Sie keine bekommen, ist es kein Problem, der Selleriekuchen schmeckt trotzdem köstlich!)
Salz, schwarzer Pfeffer aus der Mühle

1. Ofen auf 180° C Umluft vorheizen. Mehl mit der weichen, in kleine Würfel geschnittenen Butter, dem Wasser und dem Salz mit dem Knethaken des Handrührgerätes gut verkneten. Der Teig, der dabei entsteht, ist nicht fest und etwas klebrig.
2. Staudensellerie in Stangen teilen, waschen, die Blätter entfernen. Die Stangen der Länge nach vierteln, dann quer in etwa 0,5 × 0,5 cm große Würfel schneiden.
3. Tarteform buttern, Teig in die Form geben und sie dünn auskleiden.
4. Etwa 1,5 l Wasser mit Salz sprudelnd aufkochen, Selleriewürfel hineingeben und 5 bis 6 Minuten kochen, in ein Sieb abgießen und gut abtropfen lassen.
5. Für die Füllung die roten Zwiebeln in Würfel schneiden. Sahne und Eier miteinander verquirlen, die beiden Käsesorten, die Zwiebelwürfel, den Zitronensaft und die gut abgetropften Selleriewürfel dazugeben.
6. Selleriesamen sanft rösten und anmörsern, dazugeben. Füllung mit Salz und Pfeffer abschmecken, in die Form auf den Teig geben. Im Ofen 35 bis 40 Minuten backen, bräunt die Oberfläche zu stark, mit Alufolie abdecken. **Der Selleriekuchen schmeckt warm und kalt – eine Nacht durchgezogen vielleicht sogar am besten!**

BASKISCHER _THUNFISCHTOPF

HEULENDER STURM, Windstöße wie Ohrfeigen, Böen, die Bäume wie Streichhölzer knicken, ein Rasen und Brüllen, ein Rütteln und Rauschen. Januarstürme können furchterregend sein.
Was könnte an solch tobenden und fauchenden Tagen wärmender und erdender sein als ein großer Topf, gefüllt mit einem heißen, köstlichen und kräftigen Eintopf aus Thunfisch und Kartoffeln, auf den schon die Fischer aus dem Baskenland schworen? Die baskischen Fischer wissen, wie man Unwettern Paroli bietet, ist doch der wilde Atlantik mit seinen darüber hinwegdröhnenden Stürmen ihr Arbeitsplatz.

AUF IHREN BOOTEN HATTEN SIE IMMER EIN PAAR KARTOFFELN UND PAPRIKASCHOTEN DABEI.

Und eine Marmita, wie dieser typische Topf auf Baskisch genannt wird, der auf jedes Boot gehört. In dieser bauchigen Marmita kochten die Fischer an Bord in stürmischer See aus Gemüse und frisch

gefangenem Thunfisch in Meerwasser auf Holzkohlefeuern ihren Marmitako. Ihren Eintopf, der so herrlich wärmte, dass sie nach dem Essen wieder gestärkt den Elementen trotzen konnten.
Und auch ohne Atlantik passt dieses herzhafte baskische Fischgericht sehr gut in die Zeiten von Aufruhr und Sturm: Wie um ein Feuerchen kann man sich um den Topf versammeln. Und aus ihm süß-herbe Paprika, tröstliche Kartoffeln und die großen Stücke vom weichen Thunfisch schöpfen, kräftig abgeschmeckt mit Cayennepfeffer und einem Schuss Wein, sämig gebunden durch ein wenig altbackenes Brötchen.
Und so genährt, gewärmt und gesättigt, ist man wieder bereit, sich gegen die Stürme des Lebens zu stemmen.

BASKISCHER _THUNFISCHTOPF

(FÜR 4 PERSONEN)
1 Zwiebel
2 Knoblauchzehen
1 Paprikaschote, gelb oder rot
3 EL Olivenöl
4–5 Kartoffeln (500 g), vorwiegend festkochend
125 ml Weißwein
200 ml Fischfond (aus dem Glas)
2 Lorbeerblätter
5 schwarze Pfefferkörner
400 g Thunfischfilet, frisch oder TK
2 rote Paprikaschoten in Öl aus dem Glas, gerne geräuchert
½ altbackenes Brötchen, wenn Sie keines haben oder bekommen, einfach im Backofen etwas anrösten
Salz, Cayennepfeffer

1. Zwiebel und 1 Knoblauchzehe schälen, Zwiebel würfeln, Knoblauch fein hacken oder raspeln. Paprikaschote in mundgerechte Stücke schneiden.
2. In einem Topf das Öl erhitzen und Zwiebel, Knoblauch und Paprika **etwa 4 Minuten sanft anbraten, nicht bräunen.**
3. In der Zwischenzeit die Kartoffeln schälen und in mundgerechte Würfel schneiden.
4. Kartoffeln in den Topf geben, etwa 4 Minuten mitbraten, dann alles mit Wein und Fischfond ablöschen, Lorbeerblätter und Pfefferkörner zugeben, etwa 10 Minuten abgedeckt köcheln lassen, bis die Kartoffeln gar sind.
5. In der Zwischenzeit den frischen oder aufgetauten Thunfisch in mundgerechte Würfel schneiden.
6. Die eingelegten Paprikaschoten, die zweite geschälte Knoblauchzehe und das in Stücke gezupfte halbe Brötchen mit 1 Prise Salz mit dem Stabmixer pürieren. Die Masse zum Eintopf geben, verrühren.
7. Thunfischwürfel zugeben, in etwa 5 bis 8 Minuten bei geringer Hitze gar ziehen lassen. Eintopf mit Salz und Cayennepfeffer würzen.

THAILÄNDISCHER — GLASNUDELSALAT

MIR KAM DIE STADT vor wie ein Gongschlag, erschütternd, überlaut, bebend: Bangkok. Meine Sinne hingen eine Millisekunde hinterher, nach diesem Öffnen des Vorhanges, das dieses Aufgleiten der automatischen Glastüren am klimatisierten Bangkoker Flughafen für mich war. Doch schon wurde ich hineingespült, mitten in diese Hitze, in das Getöse der 15-Millionen-Stadt, über mir zischte auf Stelzen der Skytrain hinweg, wie ein Gruß aus der Zukunft, neben mir hupten Taxis, Lautsprecher plärrten. Es war laut, es war heiß, es war feucht, ich schlug mich per Bus zur Khao San Road durch, fand ein Zimmer in einem Guest House, duschte, verschnaufte und sammelte mich. Inzwischen war es dunkel geworden, die tropische Großstadtnacht wummerte in stampfenden Bässen und gleißte im Neon der Leuchtreklamen. Ich flüchtete in einen dunklen Durchgang, rechts und links gab es Läden, in denen präparierte Skorpione und schillernde Riesenkäfer in Plastikrahmen verkauft wurden. Massagesalons blinkten und warben mit Plakaten, auf denen stilisierte menschliche Körper mit ihren Meridianen, ihren geheimnisvollen Energielinien, abgebildet waren. Öffnete sich die Tür eines solchen Salons, drang kühler Kampfergeruch nach draußen auf die Straße, auf der es nach den Schweinefleischspießen duftete, die auf der Holzkohleglut der Grillwägelchen feilgeboten wurden. An einem winzigen Platz war ein kleines Restaurant, ich setzte mich an einen freien Tisch und deutete, als der Kellner kam, auf einen Salat mit Garnelen und Glasnudeln, der am Nebentisch gegessen wurde. Und bestellte dazu ein Singha, das thailändische Bier, das bald darauf kam. Ein eisbeschlagenes Glas und eine Flasche, auf deren Etikett ein goldener Fantasielöwe abgebildet war, der an den Hinterläufen Flügel und auf dem Kopf drei Flammen trug. Ich goss mir das Bier ein und atmete nach dem ersten Schluck tief aus. Die Hitze und der Jetlag waren auf einmal gar nicht mehr schlimm, ich fühlte, wie ich mich langsam entspannte, zum ersten Mal in dieser vibrierenden, fremden Bangkoker Nacht.

Da wuchs plötzlich ein riesenhafter Schatten aus der Dunkelheit. Und ein massiger Elefant schob sein gerüsseltes Haupt aus der Gassenschlucht und schritt gemessen an dem kleinen Freiluftrestaurant vorbei, niemand außer mir fand das bemerkenswert.

UND AUCH ICH HÄTTE MICH NICHT GANZ SO SEHR GEWUNDERT, WÄRE DIESER RIESENHAFTE ELEFANT NICHT VON EINEM BLASSEN MANN, DER WIE EIN ENGLISCHER GENTLEMAN AUSSAH, AN EINEM BESTICKTEN SEIL GEFÜHRT WORDEN. EIN WÜRDEVOLLER HERR, DER WIE PAN TAU EINEN ANZUG, EINE FLIEGE UND EINEN SCHWARZEN BOWLER TRUG.

Und schon war das Gespann an mir vorübergezogen, lautlos, gleich wieder von der Nacht verschluckt. Und als ich gerade rätselte, ob ich mir dieses eigentümliche, aus Ort und Zeit gefallene Schauspiel nur eingebildet hatte, kam der Salat: Marinierte Garnelen und gehacktes Hähnchenfleisch, das wunderbar nach Zitronengras schmeckte, lagen auf einem Bett aus durchscheinenden Glasnudeln, darauf frischer Koriander, kühlende Minze, die herbsüßsäuerliche Limette. Der Glasnudelsalat, ยำวุ้นเส้น, Yam Wun Sen, wie der Salat auf Thai heißt, schmeckte unwirklich gut.
Er war duftend und leicht, ein Frischehauch in dieser lauten, verrückten, schwülheißen Nacht, in der die Wirklichkeit einen haarfeinen Sprung zu haben schien.

THAILÄNDISCHER — GLASNUDELSALAT

(FÜR 4 PERSONEN)
ca. 250 g Hähnchenbrustfilet
400 ml Hühnerbrühe
1 Stängel Zitronengras
2 – 3 Limetten, je nach Größe
1 Knoblauchzehe
1 Stück Ingwer, etwa ½ Daumen lang
1 – 2 kleine rote Chilis, je nach gewünschtem Schärfegrad
3 EL thailändische Fischsauce, Nam Pla
1 EL brauner Zucker – oder, wer hat, Palmzucker, den man frisch raspelt
12 – 16 Garnelen, geschält
150 g Glasnudeln (aus Mungbohnen)
8 Mini-Tomaten
1 Karotte
3 Frühlingszwiebeln
1 Schalotte
1 TL Mehl
2 EL neutrales Öl, z. B. Sonnenblumenöl
1 Zweig frische Minze
6 – 8 Zweige frischer Koriander
1 Handvoll Erdnüsse, geröstet und gesalzen

1. Die Hähnchenbrust mit einem scharfen Messer erst in sehr feine Streifen schneiden, dann fein hacken. Hühnerbrühe aufkochen, gehackte Hähnchenbrust zugeben, 3 Minuten köcheln lassen. In der Zwischenzeit Zitronengras sehr, sehr fein hacken. Dann das Hühnerhack mit einem Schaumlöffel aus der Brühe in eine Schüssel heben, Brühe beiseitestellen, wir brauchen sie später noch für die Garnelen.
2. Hühnerhack mit dem Zitronengras mischen, leicht salzen.
3. Für das Dressing Limetten auspressen, Knoblauch und Ingwer schälen und sehr fein hacken oder reiben, zum Limettensaft geben. Aus den Chilis die Samen entfernen, in sehr feine Streifen schneiden. Dann die Fischsauce, den Zucker und die Chilistreifen zugeben, alles gut vermengen.
4. Von den Garnelen die Därme entfernen, die Hühnerbrühe wieder zum Kochen bringen, die Garnelen darin 30 Sekunden garen, dann aus der Brühe nehmen, mit ein paar Tropfen des Dressings besprenkeln.
5. Glasnudeln in eine Schüssel geben, mit kochendem Wasser überbrühen, nach 2 Minuten abgießen, in einem Sieb abtropfen lassen. **Wer mag, kann die Glasnudeln mit einer Küchenschere zwei-, dreimal durchschneiden, sie sind dann etwas leichter zu essen.**
6. Tomaten vierteln, Karotte schälen und in feine Streifen oder Spiralen schneiden, Frühlingszwiebeln in Ringe schneiden.
7. Schalotte in feine Ringe schneiden, diese mit etwas Mehl bestäuben, in Öl abbraten, auf Küchenpapier entfetten.
8. Minz- und Korianderblättchen von den Stielen ziehen, beiseitestellen. Erdnüsse grob hacken.
9. Jetzt die Nudeln, das gewürzte Hühnerhack, die Garnelen, die Tomatenviertel, die Frühlingszwiebeln, die Karottenstreifen, das Dressing und die Hälfte der Kräuter miteinander vermengen.
10. Den Yam Wun Sen mit den frittierten Schalotten, den Erdnüssen und den restlichen frischen Kräutern auf einer Platte oder auf Tellern anrichten.

WARENIKI

GRIMMIG KALTER JANUAR. „Der Frost war noch schneidender als am Morgen; aber dafür war es so still, dass man das Knirschen des Schnees unter den Stiefeln eine halbe Werst weit hören konnte", heißt es bei Nikolai Gogol, dem großen russischen Schriftsteller ukrainischer Herkunft, in seinem Buch „Abende auf dem Weiler bei Dikanka", erschienen vor fast zweihundert Jahren. Es sind Geschichten, in denen sich Schauer und Fantastik in den Bauernalltag mischen. „Der Frost nahm zu, und oben in der Höhe wurde es so kalt, dass der Teufel von einem Huf auf den andern hüpfte und sich in die Fäuste blies, um nur einigermaßen seine frierenden Hände zu erwärmen. Selbst die Hexe litt unter der Kälte, daher hob sie die Arme in die Höhe, schob ein Bein vor, gab ihrem Körper die Haltung eines Schlittschuhläufers und sauste, ohne ein Glied zu rühren, durch die Luft, wie wenn's einen steilen Eisberg hinabginge, geradeswegs in den Schornstein hinunter." Schon sind Aberwitz und Schauder über Dikanka und seine Leutchen hereingebrochen – und nichts ist mehr, wie es war. Schon gar nicht mehr die Wareniki, die Teigtäschchen mit Kartoffelfüllung, das ukrainische Leib- und Seelenessen schlechthin.

WARENIKI SIND WEICHWARME MAGENSCHMEICHLER, NICHT NUR VON DEN UKRAINERN, SONDERN AUCH IN RUSSLAND MIT GROSSER HINGABE GELIEBT.

Natürlich auch von allen Dorfbewohnern in Gogols Weilerchen Dikanka – aber am meisten wohl vom Kosaken Puzaty Pazjuk, dem „Pazjuk mit dem dicken Bauch", der mit dem Teufel wohl

einen Pakt geschlossen hat: Seine Wareniki sind verhext! Sie springen ihm von ganz alleine in den Schlund! Jeder einzelne Warenik „plantschte aus der Schüssel, fiel klatschend in den Rahm, drehte sich auf die andere Seite, hüpfte hoch empor und fiel ihm stracks in den Mund. Pazjuk musste sich nur die Mühe nehmen zu kauen und ihn zu verschlucken."
Wegen dieser gogolschen Zauber-Wareniki sind die Teigtäschchen in der Ukraine zum Symbol für Faulheit und Völlerei geworden. Und für mich zum Inbegriff von Wohlfühlessen, denn unsere Wareniki (die man aber auch süß mit Kirschen oder deftig mit Rindfleisch füllen kann, unzählige Rezepte haben die Ukrainer für ihr Nationalgericht) verdoppeln das Behagen, das Kartoffeln oder Nudeln hervorrufen – durch L-Tryptophan, die Stimmungskanone unter den Aminosäuren, die im Gehirn die Laune hochdrehen. Indem ganz einfach beide Spaßmacher verwendet werden: Nudeln und Kartoffeln. Unsere Wareniki bestehen aus einem buttrigen Kartoffelbrei mit ein paar Pilzen, der von einer seidigen Nudelhaut umhüllt wird: Kohlenhydrat im Kohlenhydrat also, essbare Matroschkas. Die Wareniki dürfen vor dem Verzehr noch ein kühles Schmandbad nehmen, sich in der Smetana, der sauren Sahne, genüsslich aalen. Und wer dann genau schaut, meint zu sehen, wie durch sie ein Zittern geht, ein Zucken: Sie sind sprungbereit, die dampfend heißen Wareniki, wenn draußen Winterstürme toben und die Kälte klirrt.

WARENIKI

(FÜR 4–6 PERSONEN)
500 g Mehl
1 Ei
Salz
ca. 150 ml Wasser
350 g Kartoffeln, mehligkochend
200 g braune oder weiße Champignons
1 Zwiebel
2 EL Butter (1 EL für das Püree, 1 EL für die Pilze)
weißer Pfeffer, gemahlen
2 Lorbeerblätter
200–300 g saure Sahne oder Schmand
nach Belieben: Dill oder Schnittlauchröllchen
nach Belieben: weitere 3 EL Butter (für braune Butter), 1 Spritzer Essig

1. Mehl, Ei, Salz und Wasser mindestens 10 Minuten zu einem glatten Teig verkneten (per Hand oder Küchenmaschine), 30 Minuten ruhen lassen.
2. In der Zwischenzeit die Kartoffeln mit Schale gar kochen (je nach Größe dauert das etwa 20 Minuten), ausdampfen lassen. Die Pilze in der Zwischenzeit putzen und klein hacken – oder in einer Küchenmaschine sehr kurz (auf Pulse, ein paar Sekunden) häckseln.
3. Die Zwiebel schälen und fein würfeln, in 1 EL Butter in einer Pfanne sanft golden anbraten, dann die Pilzstückchen dazugeben, alles ein paar Minuten anrösten. Mit Salz und Pfeffer würzen.
4. Ausgedampfte Kartoffeln schälen und stampfen oder durch eine Kartoffelpresse drücken. 1 EL Butter unterziehen, salzen. Pilzfarce unterheben.
5. Einen großen Topf Wasser mit den beiden Lorbeerblättern und etwa 1 EL Salz zum Kochen bringen. In der Zwischenzeit Teig auf einer bemehlten Fläche dünn ausrollen, mit einem runden Ausstecher oder einem Wasserglas (etwa 8 cm Durchmesser) Kreise ausstechen, jeweils 1 TL Kartoffelfüllung daraufsetzen, die Ränder der Teigkreise mit Wasser benetzen und zu Halbmonden zusammenklappen – durch Drücken und Ziehen mit einem Flechtrand versehen (oder mit einer Gabel oder mit Daumen und Zeigefinger die Ränder zusammendrücken).
6. Im Salzwasser garen, bis die Wareniki an die Oberfläche kommen. Aus dem Wasser heben, abtropfen lassen. Mit Schmand oder saurer Sahne, in die Dill oder Schnittlauch und etwas Salz gemischt werden können, servieren. Dazu passt (zur oder anstatt der sauren Sahne) braune Butter: Butter erhitzen, bis sie eine karamell-goldene Farbe angenommen hat, mit einem Spritzer Essig und Salz würzen, über die Wareniki gießen.

GERMKNÖDEL

SKIFAHREN! Endlich oben, heraus aus der engen Gondel, raus aus der Bergstation. Die Menschenmenge verläuft sich etwas, jetzt der Rundumblick, schon das erste Blinzeln macht glücklich und lässt das Herz hüpfen: gleißende Sonne, brachialblauer Himmel, das fast oszillierende Weiß des Schnees. Die Gipfel, die sich am weiten Horizont überragen, steingrauer Fels, weißer Gletscher, so hell, dass er bläulich schimmert. Der Sessellift, der mit beflissenem Summen seine Passagiere aufgabelt und gemächlich weiter nach oben schaukelt und der Kinderhang mit dem Schlumpf-Parcours. Die Snowboarder in neonrosa und orangen Anoraks, die die breite Piste in scharfen Schwüngen nach unten surfen, sie ziehen eine weiße, glitzernde Schneekristallgischt hinter sich her. Und auf der Hüttenterrasse sitzt man auf Schaffellen, die über den Holzbänken liegen, hat die Skijacke ausgezogen, eine so geballte Kraft hat die funkelnde Sonne in dieser Höhe.

MAN GENIESST DIESE KLARE, KÜHLE BERGLUFT WIE EIN TONIKUM, TRINKT JAGERTEE ODER SAHNEKAKAO ODER BIER ODER GLÜHWEIN, HÄLT DAS GESICHT IN DIESES STRAHLENDE LICHT.

Und vor einem steht ein Teller, auf dem ein Germknödel thront, in einem Bad aus warmer, cremiger, gelber Vanillesauce, gekrönt von einem blaugrauen Mohnhügelchen. Und sticht man ihn an, diesen flaumigen Rundling, gibt er sein Inneres preis, sein süßsaures, freundlich-flüssig pochendes Powidl-Herz, das nun mit der Vanillesauce violettgelb verschliert. Aus dem Lautsprecher kommen Blasmusik und „Schifoan!". Oh ja. „Schifoan is des Leiwaundste, wos ma si nur vurstelln kann … didel-dimdumdamdum-damdidum, didel-dimdumdamdum-damdidum", man kann kaum anders, als mitzuwippen, mit den Zehen in den engen, schweren Skischuhen. Und auch der Germknödel bedauert, keine Füßchen zu haben, dass er dieses vermöchte. Ach ja. Skifahren, das wäre es jetzt. Aber es sind keine Ferien, kein Urlaub in Sicht. Stattdessen: Nebel statt Klarheit, Februartief anstatt jubilierender Höhe, Schneematsch statt Zünftigkeit. Aber warum nicht einfach daheim einen Germknödel dämpfen? Didel-dimdumdam! Und so hält bis zum nächsten „Ski Heil!" unser Germknödel, der gütige Kugelmonarch vom Vanillesee, zu Hause die Stellung.

GERMKNÖDEL

(FÜR 4–6 PERSONEN)

DAMPFL (VORTEIG):
5 EL Milch
30 g Hefe
1 TL Zucker
50 g Mehl

TEIG:
70 g Butter
$\frac{1}{4}$ l Milch
60 g Zucker
1 Tütchen (8 g) Vanillezucker
abgeriebene Schale von ca. $\frac{1}{2}$ Zitrone
1 Prise Salz
1 Ei
500 g Mehl (wer mag, teilt die Mehlmenge auf in 250 g Weizenmehl Type 405 und 250 g Wiener Grießler, ein doppelgriffiges Mehl, dass die Flüssigkeit noch besser aufsaugt, was die Knödel noch fluffiger macht)
gegebenenfalls $\frac{1}{2}$ EL Salz fürs Kochwasser

FÜLLUNG UND DEKORATION:
ca. 200–250 g Powidl (das besonders lange eingekochte, dicke Pflaumenmus böhmischen Ursprungs) oder normales Pflaumenmus
6–8 EL Mohn
wer mag: 4 EL Puderzucker, Vanillesauce

1. Erst wird der Vorteig bereitet, der in Österreich Dampfl heißt: Milch in einem kleinen Topf auf dem Herd handwarm werden lassen, von der Flamme ziehen. Hefe hineinbröckeln, mit einem Schneebesen vorsichtig einrühren. Zucker zugeben, rühren, 50 g Mehl einrühren. Mit einem Tuch abdecken und etwa 10 Minuten gehen lassen.
2. Einen großen Topf zu einem Drittel mit Wasser füllen, zum Kochen bringen. Eine Metallschüssel auf den Topf setzen, Hitze niedriger stellen. Butter in der Schüssel flüssig werden lassen. Milch, Zucker, Vanillezucker, Zitronenabrieb und die Prise Salz einrühren. Das Ei zugeben, mit dem Schneebesen oder dem Handrührgerät luftig aufschlagen. Topf mit der Schüssel von der Flamme ziehen.
3. Nun in eine weitere Schüssel das Mehl geben, eine größere Mulde ins Mehl eindrücken, den Dampfl (Vorteig) in die Mulde geben. Nun die auf dem Wasserbad aufgeschlagene Eier-Milch-Zucker-Butter-Mischung in die Mulde geben. Alles mit dem Knethaken des Handrührgerätes oder mit den Händen gut verkneten. Schüssel mit einem Tuch bedecken, Teig 30 Minuten an einem warmen Ort gehen lassen.
4. Den Teig mit den Händen gut durchkneten. Und den Teig je nach Knödelwunschgröße in vier (dann werden es Riesengermknödel), sechs oder acht Stücke schneiden, zu Teigbällen formen. Die Teiglinge wieder für etwa 30 Minuten, mit einem Tuch bedeckt, gehen lassen.
5. Die Teigbälle mit der Hand relativ gleichmäßig flach drücken, mittig 1 EL Powidl oder Pflaumenmus aufsetzen, Teigränder in der Mitte zusammenfassen, mit den Händen zu Knödeln formen, mit der Nahtstelle nach unten auf ein mit Mehl bestäubtes Brett legen. Wieder mit einem Tuch abdecken, 30 Minuten gehen lassen.
6. Einen großen Topf halb voll mit Wasser füllen, zum Kochen bringen. Wer hat, gibt ein Dämpfsieb in den Topf, es soll das Wasser nicht berühren. So viele Knödel, wie Platz haben, ins Sieb geben, mit einem Topfdeckel bedecken, für 12 bis 18 Minuten, je nach Größe der Knödel, dämpfen.
   Wer kein Dämpfsieb hat: In das kochende Wasser ½ EL Salz geben, Temperatur herabschalten, sodass das Wasser nur noch köchelt. Die Knödel ins Wasser legen, Topf mit einem Deckel schließen, etwa 7 bis 8 Minuten köcheln, dann Knödel umdrehen, wieder 7 bis 8 Minuten köcheln lassen.
7. Knödel sofort anrichten, mit einer Nadel anstechen, so fallen sie nicht in sich zusammen. Mit Vanillesauce reichlich übergießen, mit Mohn und, wer mag, Puderzucker dekorieren.

POLNISCHER __BLUMENKOHL

BLUMENKOHL ist eine der beliebtesten Gemüsesorten hierzulande, er schmeckt viel milder als seine anderen Kohlkollegen. Und er sieht so hübsch aus, so freundlich, einladend, fast wie ein Federbett!
Unsere böhmische Oma hat den Blumenkohl immer in Röschen geteilt, diese paniert und in heißem Butterschmalz frittiert. In ihrer großen weißen Emailleschüssel mit dem blauen Rand hat sie die goldbraunen, ausgebackenen Röschen zum Salzen rasselnd geschüttelt, allein das Geräusch hat uns Kindern schon das Wasser im Mund zusammenlaufen lassen! Dazu gab es Zitronenspalten wie beim Schnitzel. Wir Kinder haben diesen panierten Blumenkohl geliebt und konnten immer kaum aufhören zu essen.
Ich erinnere mich noch an die erste Lockdownwoche im ersten Coronajahr 2020: Ich hatte kaum mehr irgendetwas zu essen daheim, das Einkaufen war einem damals nicht geheuer, aber ein ganzer Blumenkohl war noch im Kühlschrank. Und Butter. Weil im Vorratsschrank Semmelbrösel waren, machte ich Blumenkohl mit Bröselbutter und war erfreut, wie gut er schmeckte, fast wie der panierte Blumenkohl von meiner Oma!

BEIM TELEFONIEREN MIT EINER FREUNDIN, DIE EINE POLNISCHE MUTTER HATTE, ERZÄHLTE SIE MIR, DASS DIES EIN TYPISCH POLNISCHES GERICHT WÄRE, BLUMENKOHL UND BRÖSELBUTTER. UND DASS IN POLEN DANN NOCH GEHACKTES EI, KAPERN UND PETERSILIE DAZUKÄMEN.

Beim nächsten Einkauf holte ich mir die fehlenden Zutaten – und war begeistert, mit wie wenig Aufwand, Zeit und Geld man ein Gericht hinbekommen konnte, das sich wie eine weiche Decke um die Seele legt und gleichzeitig so besonders schmeckt: der milde Blumenkohl mit seiner leichten Süße, die mit den säuerlichen Kapern herrlich aromatisierte Butter, in der die Brösel angeröstet werden – und dann das wachsweiche Ei, das alle Gegensätze sanft vermählt.
Und so bodenständig das Gericht daherkommt, ist es in seiner simplen Raffinesse vielleicht sogar ein Valentinstag-Dinner: Blumenkohl statt Blumen!

POLNISCHER _BLUMENKOHL

(FÜR 4 PERSONEN)
1 Kopf (ca. 800 g) Blumenkohl
½ Zitrone
2 Eier
125 g Butter
2–3 EL (nach Geschmack) Kapern, in Essig eingelegt
80 g Semmelbrösel
4–5 Zweige Petersilie
Salz

1. Vom Blumenkohl die Blätter entfernen, ihn in kleine Röschen teilen. Diese kurz in Salzwasser legen, dann abspülen. Etwa 1 ½ l Wasser mit 2 TL Salz und dem Saft der ausgepressten halben Zitrone zum Kochen bringen, die Röschen in etwa 10 Minuten weich kochen.
2. In der Zwischenzeit in einem anderen Topf die beiden Eier in 6 bis 7 Minuten (je nach Größe) wachsweich kochen.
3. Dann Butter in einer Pfanne erhitzen, nicht bräunen, die abgetropften **Kapern in der Butter kurz abbraten, nicht bräunen,** die Kapern aus der Butter nehmen.
4. Die Semmelbrösel in die heiße Butter geben, sanft golden rösten, salzen.
5. Die Eier schälen und hacken, die Blättchen der Petersilie abzupfen und hacken.
6. Sobald die Blumenkohlröschen weich sind, abgießen, auf eine Platte geben.
7. Die Brösel über den dampfend heißen Blumenkohl geben, die Kapern und die gehackten Eier darüber verteilen, alles mit Petersilie bestreuen und sofort servieren.

PASTA CON LE SARDE

HELLES UND DUNKLES, Sonne und Schatten, Süße und Bitternis: Sizilien ist eine Insel der Gegensätze. Die Fülle des Lebens wird in Sizilien hymnisch gefeiert – vielleicht gerade deswegen, weil auf der Insel neben aller Schönheit, dem Überschwang, dem Licht und dem blauen Leuchten des Meeres, das sich am Horizont mit dem Himmel vereint, auch viel Schweres und Düsteres ist: die frühere bittere Armut, die Mafia, die Rekordarbeitslosigkeit. Diese Kontraste, dieses barocke Chiaroscuro, die Dunkelheit, die sich immer ins Helle schiebt, wird im Lebensgefühl der Sizilianer nicht einfach nur hingenommen, sondern betont: Nirgendwo in Italien sind die Dolci, die Süßigkeiten, üppiger und bunter, nirgendwo in Italien waren die Zutaten der Cucina povera karger, war die Küche der Armen bescheidener – aber auch erfindungsreicher. Oft findet man diese Gegensätze innerhalb eines Gerichtes vereint, im „agrodolce", dem Süßsauer, der Mischung aus salzig und süß, das viele sizilianische Speisen charakterisiert. Diese Vorliebe für süßsauer und salzig stammt aus dem kulinarischen Erbe der wechselvollen Vergangenheit der Insel: Rosinen, Safran und die süßen Geschmäcker des Orients brachten die Araber vor mehr als einem Jahrtausend in die sizilianische Küche ein.

UND SO IST UNSERE PASTA CON LE SARDE EIN ESSEN, WIE ES TYPISCHER FÜR SIZILIEN NICHT SEIN KÖNNTE: TYPISCH FÜR DIE CUCINA POVERA, DENN SARDINEN – WIR NEHMEN ÖLSARDINEN – WAREN DIE FISCHE DER ARMEN. ODER DIE BROTBRÖSEL, DIE IN DER SIZILIANISCHEN ARME-LEUTE-KÜCHE DEN PARMESAN ERSETZTEN.

Charakteristisch für Sizilien ist bei dem Gericht auch das ausgeprägte „agrodolce", denn zuckersüße Rosinen, in Marsala getränkt, kontrastieren mit der kräftigen Salzigkeit der Anchovisfilets.
Und der großzügig verwendete Safran ist ohnehin schon so ein widersprüchliches Gewürz, bitter und süß zugleich. Er öffnet eine Pforte, die die Jahrhunderte hinabzuführen scheint, ins Uralte, ins geheimnisvoll Dunkle. Und hat doch die satt leuchtende Farbe eines beglückenden, orange-rot-gelben Sonnenballs.
Unsere Pasta con le Sarde ist ein perfektes Wintergericht: Die silbrige Sardine umschwärmt unser Immunsystem, der nervenstärkende Safran tut unseren gebeutelten Synapsen wohl. Und die Marsala-Rosinen beschwören die Süße des Lebens, das Leuchten. Das ja auch im dunklen Winter immer noch da ist, punktuell. Und sich bald wieder Bahn brechen wird, mit Macht, nur Geduld.

PASTA CON _LE SARDE

(FÜR 4 PERSONEN)
½ Tasse Marsala (oder Sherry oder Portwein)
3 EL Rosinen
4 EL Semmelbrösel oder Panko (japanisches Paniermehl)
3 EL Olivenöl
1 große Fenchelknolle
1 EL Fenchelsamen
2–3 Sardellenfilets (gesalzen, aus dem Glas)
1 Knoblauchzehe
3 EL Pinienkerne
300–400 g Spaghetti (oder eine andere Pasta, z. B. Bucatini)
1 Briefchen Safran (0,2 g) – gerne auch mehr!
1 Dose Sardinen in Öl (abgetropft ca. 80 g)
Salz, schwarzer Pfeffer aus der Mühle
1 Handvoll roter Weintrauben

1. Marsala erwärmen, die Rosinen darin einlegen, Brotbrösel in 1 EL Olivenöl goldbraun rösten, beiseitestellen.
2. Fenchel in mundgerechte, nicht allzu feine Stücke schneiden, das Fenchelgrün beiseitelegen, wir brauchen es am Ende zur Dekoration. Fenchelsamen grob mörsern, **in einer trockenen Pfanne ohne Öl sanft rösten, bis er zu duften beginnt.**
3. Zu den Fenchelsamen jetzt 2 EL Olivenöl und frischen Fenchel hinzugeben, etwa 5 bis 8 Minuten braten.
4. In der Zwischenzeit die Sardellenfilets unter fließendem Wasser abspülen, trocken tupfen, sehr fein, fast pastenartig, hacken. Knoblauch schälen, fein hacken oder raspeln. Gehackte Sardellen, Knoblauch und die Pinienkerne unter das Fenchelgemüse heben, mitbraten.
5. In der Zwischenzeit die Spaghetti in reichlich kochendem Salzwasser nach Packungsangabe kochen.
6. Rosinen aus dem Marsala nehmen, zum Fenchel-Anchovis-Gemüse geben. Safran zwischen den Fingern zerreiben und in den Marsala geben, in dem die Rosinen eingeweicht worden sind.
7. Ölsardinen gut abspülen, abtupfen, in mundgerechte Stücke teilen, zum Fenchelgemüse geben, ganz am Ende den Safran-Marsala zugeben.
8. Spaghetti abgießen und in der Pfanne mit dem Fenchelgemüse mischen. Mit Pfeffer würzen, eventuell nachsalzen, mit dem Fenchelgrün, den halbierten Trauben und den gerösteten Brotbröseln servieren.

JAMBALAYA

NEW ORLEANS, GANZ FRÜHER MORGEN: Mardi Gras, der Faschingsdienstag, der Fat Tuesday, bricht an! Mardi Gras ist der Höhepunkt im Jahreslauf von New Orleans, der Tag, an dem im Karnevalstollhaus New Orleans traditionell alle Dämme vollständig brechen, die Stadt wird zum Hexenkessel, ein schäumendes, brüllendes, schillerndes Elixier köchelt darin, ein Mix aus Katholizismus und Voodoo, aus Frankreich, Spanien und Afrika, aus Daseinsfreude und Mystik. Aus Dixieland-Sound und ekstatischen Trommeln, von Posaunenschlieren durchzogen. Durch die wogende Menschenmasse pflügen Karnevalswagen wie Narrenschiffe, sie lassen Süßigkeiten auf die feiernde Menge regnen und Perlenketten in Lila, Golden und Grün – es sind die Farben von Mardi Gras.

Doch am frühen Morgen schläft die Stadt noch. Und da stehen mannshohe Skelette in einem Grüppchen auf der Straße um ihren Chief, der auf seinem Totenkopf ein Geweih trägt, es ist die „Northern Skull and Bone Gang" auf ihrer 200 Jahre alten Mission, die sich da gerade formiert, sie ist Überbringer der Vanitas-Botschaft, die besagt, dass alles eitel und endlich ist.

Die „Skull and Bone Gang" in ihren Knochenkostümen rasselt und trommelt den Faschingsdienstag ein, den Mardi Gras, sie weckt die Schlafenden auf, klopft an Türen, an Holzveranden, an Fenster.

UND BEGINNT ZU SINGEN: „WE COME TO REMIND YOU BEFORE YOU DIE: // YOU BETTER GET YOUR LIFE TOGETHER. // NEXT TIME YOU SEE US IT IS TOO LATE TO CRY!"

Ein kurzes Innehalten, bevor dann, gleich oder später, Mardi Gras entfesselt über die Stadt hineinbricht und sein gewaltiges Aufbäumen vor dem Aschermittwoch, vor der Fastenzeit zelebriert.
Auch daheim und nicht im Karnevalsmahlstrom von New Orleans können wir einen Mini-Mardi-Gras feiern – mit einer herrlichen kreolischen Jambalaya, dem für Louisiana so typischen Reis mit Huhn, Garnelen und Wurst, mit Zwiebeln, Sellerie und grüner Paprika. Ein Südstaatengericht mit spanischen, französischen und afrikanischen Wurzeln und karibischer Würzung: ein Durcheinander, ein Kreuz-und-Quer, ein fröhlicher Mischmasch (so auch die Bedeutung des provenzalischen Wortes jambalaia) aus Zutaten, die sich munter durchdringen. Ein Karneval der Aromen!

JAMBALAYA

(FÜR 4–6 PERSONEN)
200 g – 300 g geräucherte Bratwurst. Im Original ist das Andouille, eine französische Wurstspezialität – die man aber ganz nach Belieben ersetzen kann, auch durch Chorizo oder Debrecziner
1 großes Hähnchenbrustfilet
1 EL Sonnenblumenöl
2 Zwiebeln
2 Stangen Staudensellerie
1 grüne Paprikaschote
2 Knoblauchzehen
½ TL Kreuzkümmel, gemahlen
1 TL Oregano
3 TL Paprikapulver, rosenscharf
1 TL getrockneter Thymian
1 TL Cayennepfeffer
1 TL schwarze Pfefferkörner, gemörsert
2 Lorbeerblätter
300 g – 400 g Langkornreis
0,7 l Hühner- oder Gemüsebrühe
16 – 20 Garnelen, gerne TK
3 – 4 Zweige frische Petersilie
3 – 4 Frühlingszwiebeln
Salz

1. Wurst in ½ cm breite Scheiben, Hähnchenbrustfilet in 2 × 2 cm große Würfel schneiden. Wursträdchen in 1 EL Sonnenblumenöl anbraten. Wurst aus der Pfanne nehmen, im Fett, das aus der Wurst ausgetreten ist, die Hähnchenbrustwürfel anbraten, ebenfalls aus der Pfanne nehmen. Pfanne beiseitestellen, wir brauchen sie weiterhin.
2. Zwiebeln schälen und fein würfeln, Sellerie entfädeln und ebenfalls würfeln. In der Wurst-Hähnchen-Pfanne sanft glasig anbraten. In der Zwischenzeit die Kerne aus der Paprika entfernen. Paprika in 1 × 1 cm große Stücke schneiden, diese dann zu den Zwiebeln und dem Sellerie dazugeben, 3 bis 4 Minuten sanft anbraten lassen, nicht bräunen.
3. Knoblauch sehr fein hacken oder raspeln **(oder mit etwas Salz zu einer Paste hacken und mit dem Messer verstreichen),** zum Gemüse dazugeben. Jetzt Kreuzkümmel, Oregano, Paprikapulver, Thymian, Cayenne- und schwarzen Pfeffer hinzufügen. Rühren – dann die Hähnchenfleischwürfel, Lorbeerblätter, Reis und Brühe zugeben.
4. Alles 25 bis 30 Minuten sanft köcheln lassen. Gelegentlich umrühren. Wenn es notwendig ist, Wasser zugießen. Garnelen küchenfertig vorbereiten. Ist der Reis fast gar, die angebratenen Wursträdchen und die Garnelen zufügen, kurz weitergaren (2 bis 3 Minuten). Jambalaya salzen, nach Belieben mit Cayennepfeffer nachschärfen. Mit grob gehackten Petersilienblättern und Frühlingszwiebelringen anrichten.

MAMALIGA

ENDLICH IN TRANSSYLVANIEN, nach langer Anreise von London über München überfliegt Jonathan Harker, was er sich daheim notiert hatte über diesen abgelegenen, von Bergen gesäumten Landstrich, in den ihn sein überdiskreter, adeliger Mandant geladen hatte. „Ich las, dass jeder erdenkliche Aberglaube der Welt aus den Zügen der Karpaten entstammt, als wäre es das Zentrum eines Strudels jeder Art von abergläubischer Vorstellung; wenn dem so ist, wird sich mein Aufenthalt äußerst spannend gestalten." Und recht sollte er haben, spannend wird es für Jonathan Harker, den jungen Anwalt und Helden aus Bram Stokers viktorianischem Weltbestseller „Dracula". Schon in der ersten Nacht auf transsylvanischem Boden, noch im Hotel, wird Harker von Hundegeheul und Schlaflosigkeit geplagt. Der Schauer ist aber beim Frühstück vergessen, es gibt, wie Bram Stoker seinen Helden ins Tagebuch notieren lässt, „eine Art von Haferbrei mit Maismehl, den sie Mamaliga nennen – ein exzellentes Mahl."

Der Maisbrei Mamaliga ist nicht nur ein rumänisches Frühstück, sondern mit Käse oder Ei auch ein schnelles Abendessen oder eine Beilage zu Gulasch oder Grillgemüse. Mamaliga ist ein Alltagsgericht, zu dem die Rumänen ein fast zärtliches Verhältnis haben. Als ich selbst vor ein paar Jahren in Transsylvanien war, fühlte ich mich wie in einem Märchenbuch. Die mittelalterlichen Städtchen, die sanften Hügel, die mächtigen Kirchenburgen, die historischen Bauernhäuschen der Siebenbürger Sachsen. Die grünen Frühlingswiesen mit den Schafen und den jungen Lämmern, die riesenhaften, zotteligen Hirtenhunde! Und über allem leuchteten die schneebedeckten Gipfel der Karpaten in der frühen Märzsonne.

DOCH AUF DER RÜCKFAHRT VERFUHREN WIR UNS AUF DEN WINZIGEN STRASSEN. ES WURDE DRAUSSEN DUNKEL UND KÜHL, DIE HEIZUNG IM MIETAUTO FUNKTIONIERTE NICHT, ICH DACHTE AN DIE WÖLFE DORT OBEN IN DEN BERGEN. DIE JETZT TIEFSCHWARZE SCHATTEN WARFEN. MICH FRÖSTELTE.

Doch endlich kamen Wegweiser, wir lasen das ersehnte Sibiu, Hermannstadt. Und als wir dort angelangt waren, schlug die Uhr der barocken Dreifaltigkeitskirche am Großen Platz acht Mal. Wir betraten ein Restaurant mit Butzenscheiben und einer mächtigen Holztür. Im Kamin flackerte ein Feuer, über den Bänken lagen Schafsfelle, rumänisches Ursus-Bier wurde schäumend in Krüge mit Bärenwappen ausgeschenkt. Und es gab Mamaliga!
Die Mamaliga war warm, weich und samtig und wurde mit Schmand serviert. Und mit einem verlorenen Ei, ich stach es an und rührte einen Strudel aus Dotter, Brei und Schmand, zog Käsefäden und kostete von all der Buttrigkeit und Behaglichkeit, die diese transsylvanische Mamaliga so freigiebig verströmte. Und fragte mich, ob der dunkle Graf, hätte man ihm damals auf seinem zugigen Schloss einen ebenso köstlichen Brei serviert, nicht vielleicht umgeschwenkt wäre auf eine andere Form, sich zu stärken. Doch dann wäre die Mamaliga vielleicht nie in die Weltliteratur eingegangen.

MAMALIGA

(FÜR 4 PERSONEN)
¼ l Milch
200 ml Wasser
150 g Maisgrieß (bitte kein Maismehl verwenden, sonst wird der Brei pappig)
150 – 200 g geriebener Käse, ganz nach Geschmack: Cheddar, Mozzarella oder auch Blauschimmelkäse
2 EL Butter
4 – 5 EL Schmand oder saure Sahne oder Crème fraîche
4 frische Eier
½ EL Salz
1 EL Essig
grob gemahlener Pfeffer, schwarz oder weiß

1. Milch und Wasser langsam aufkochen. In der Zwischenzeit in einem möglichst großen Topf etwa 2 l Wasser für die verlorenen (pochierten) Eier zum Kochen bringen.
2. In die kochende Milch-Wasser-Mischung den Maisgrieß einrieseln lassen, bei reduzierter Temperatur etwa 5 bis 8 Minuten einrühren, bis ein Brei entsteht, der locker vom Löffel fällt. Bei Bedarf noch Wasser zufügen. Dann den Käse und die Butter zugeben, alles sanft verrühren und mit Salz und Pfeffer abschmecken. Brei in vier Schalen zusammen mit dem Schmand anrichten.
3. Die vier Eier aufschlagen und vorsichtig in je eine Tasse geben. Wenn das Wasser im großen Topf kocht, ½ EL Salz und den Essig ins Wasser geben. Temperatur reduzieren, das Wasser soll jetzt nicht mehr sprudelnd kochen. Im Wasser mit einem Kochlöffel schwungvoll einen Strudel rühren und nacheinander je ein Ei vorsichtig aus der Tasse hineingleiten lassen, das Ei sinkt zu Boden und steigt dann langsam wieder auf. Nach 2 Minuten Eier mit der Schaumkelle herausnehmen und auf dem Maisbrei anrichten. Mit Pfeffer und nach Geschmack noch etwas geriebenem Käse anrichten, dazu passt frischer Feld- oder Spinatsalat.

IMPRESSUM

Hinter jedem tollen Buch steckt ein starkes Team

Gesamtproduktion: *ppp.services, Freising*
Projektleitung: *Marc Strittmatter, ppp.services*
Texte: *Verena Lugert*
Lektorat: *Renate Nöldeke für ppp.services*
Gestaltung: *Studio Gramisci, München*
Satz: *ppp.services*
Fotografie: *Helga Lugert*
Herstellung: *Frank Jansen*
Producing: *Jan Russok*
Druck & Bindung: *CPI books GmbH, Leck*

1. Auflage 2022
© 2022 Edel Verlagsgruppe GmbH
Kaiserstraße 14 b
D-80801 München
ISBN: 978-3-96584-268-7

Weitere Bücher der Autorin:

→ Nervennahrung

ZU DEN AUTORINNEN

Verena Lugert ist Journalistin und Kochbuchautorin. Nachdem sie in London eine Kochausbildung absolviert hatte, arbeitete sie bei Gordon Ramsay. Von dieser Zeit handelt ihr Bestseller „Die Irren mit dem Messer“. Heute interviewt sie weltweit Köchinnen und Köche, entwickelt Rezepte und bietet Kochkurse und Küchenpartys an – virtuell oder in ihrer bunten I ♥ FOOD Experimentierküche in Hamburg. Gemeinsam mit ihrer Schwester Helga Lugert produziert sie mit viel Spaß die wöchentliche Kolumne NERVENNAHRUNG auf SPIEGEL.de

Helga Lugert hat sich schon immer für Fotografie, Kochen und Essen interessiert. In England besuchte sie an einer Culinary School Kurse für Food Styling und Food Photography. Als ihre Schwester Verena Lugert mit der SPIEGEL-Kolumne begann, stand sie ihr erst mit Tipps und Ideen zur Seite, bald übernahm sie ganz den Part der Fotografin. Bis heute erscheint die Kolumne der Schwestern auf SPIEGEL.de. MEHR NERVENNAHRUNG ist bereits das zweite gemeinsame Kochbuch von Helga und Verena Lugert.

LIEBE LESER, LIEBE LESERINNEN

wie schön, dass Sie ein Buch von ZS in den Händen halten. „jetzt leben!" ist das Motto unseres Verlages. Es steht für Genuss und Inspiration, Unterstützung und Motivation. Ob Kulinarik oder Fitness, Gesundheit oder Lebenshilfe – seit über 30 Jahren bieten wir kompetente Ratgeber für (fast) alle Lebenslagen. Wir lieben Tradition genauso wie Innovation – sie treiben uns an. Unsere Autorinnen und Autoren sind Menschen, die zu ihrem Thema wirklich etwas zu sagen und zu schreiben haben. Unsere Produkte sind erzählerisch, appetitmachend und als gedruckte Bücher haptisch echte Erlebnisse. Für Sie mit ganz viel Liebe gemacht! Entdecken Sie mehr aus unserer wunderbaren Welt!

UNSER VERLAGSHAUS

Mit Standorten in München, Hamburg und Berlin zählt die Edel Verlagsgruppe zu den größten unabhängigen Buchanbietern Deutschlands. Zur Edel Verlagsgruppe gehört unter anderem ZS mit seinen Lizenzmarken Dr. Oetker Verlag, Kochen & Genießen und Phaidon by ZS.

ZS - Ein Verlag der Edel Verlagsgruppe
www.zsverlag.de
www.facebook.com/zsverlag
www.instagram.com/zsverlag

FÜR DIE UMWELT

ZS unterstützt bei der Produktion dieses Buches das Projekt „Junge Riesen für die nächsten 100 Jahre" im Naturpark Nossentiner/Schwinzer Heide. Damit wird ein Anteil der unvermeidbaren CO_2-Emissionen im direkten Umfeld des Produktionsstandortes kompensiert.

PARTNER Naturpark Nossentiner/Schwinzer Heide
www.optimal-media.com/naturschutzprojekt-001

NEWSLETTER

Was koche ich heute Feines? Und wie geht das – schmackhaft und gesund?

Melden Sie sich jetzt zum ZS-Genuss-Service an und verpassen Sie keine kulinarischen und gesundheitlichen Trends mehr.
Wir informieren Sie regelmäßig über unsere Neuerscheinungen, Aktionen oder Gewinnspiele und verraten Ihnen unsere Lieblingsrezepte!

GEWINNEN

Unter allen Neuabonnierenden verlosen wir jeden Monat eine *ZS-Genuss-Box* im Wert von 75,00 €.

Jetzt anmelden unter:
www.zsverlag.de/newsletter

oder den QR Code scannen:

ANMELDEN!